全国“八五”普法学习读本系列

法律明白人
应知应会金融风险防范法律实用手册

全国“八五”普法学习读本编写组 编

法律出版社
LAW PRESS · CHINA
北京

图书在版编目(CIP)数据

法律明白人应知应会金融风险防范法律实用手册 / 全国"八五"普法学习读本编写组编. -- 北京 : 法律出版社, 2022

ISBN 978-7-5197-6542-2

Ⅰ. ①法… Ⅱ. ①全… Ⅲ. ①金融法-基本知识-中国 Ⅳ. ①D922.280.4

中国版本图书馆 CIP 数据核字(2022)第052929号

法律明白人应知应会金融风险防范法律实用手册
FALÜ MINGBAIREN YINGZHI YINGHUI JINRONG FENGXIAN FANGFAN FALÜ SHIYONG SHOUCE

全国"八五"普法学习读本编写组 编

策划编辑 沈小英
责任编辑 陈 妮 毛镜澄
装帧设计 汪奇峰

出版发行 法律出版社
编辑统筹 法治与经济出版分社
责任校对 王 丰 李景美
责任印制 吕亚莉
经　　销 新华书店

开本 A5
印张 8 **字数** 165千
版本 2022年6月第1版
印次 2022年6月第1次印刷
印刷 固安华明印业有限公司

地址:北京市丰台区莲花池西里7号(100073)
网址:www.lawpress.com.cn
投稿邮箱:info@lawpress.com.cn
举报盗版邮箱:jbwq@lawpress.com.cn

销售电话:010-83938349
客服电话:010-83938350
咨询电话:010-63939796

书号:ISBN 978-7-5197-6542-2
定价:49.80元

凡购买本社图书,如有印装错误,我社负责退换。电话:010-83938349

撰稿人

姚海放

编写说明

2020年11月16日至17日召开的中央全面依法治国工作会议,明确了习近平法治思想在全面依法治国工作中的指导地位,这是我国社会主义法治建设中具有现实意义和深远意义的大事。习近平法治思想是马克思主义法治理论中国化的最新成果,是习近平新时代中国特色社会主义思想的重要组成部分,是全面依法治国的根本遵循和行动指南。

在习近平新时代中国特色社会主义思想指引下,为深入学习贯彻习近平法治思想,我们编写了《法律明白人应知应会金融风险防范法律实用手册》,以落实《中央宣传部、司法部关于开展法治宣传教育的第八个五年规划(2021—2025年)》,切实抓好普法学习宣传,维护好村民的劳动权益,解决其日常生产生活中的法律问题,增强其法治观念,提升其法治素养。“法律明白人”培养工作被纳入法治社会建设和乡村振兴总体规划,作为加快推进乡村人才振兴工作的重要内容,也是加强基层普法工作队伍建设、健全精准有效普法工作体系的重要举措。“法律明白人”应在宣传习近平法治思想、法律、法规、党的政策,引导法律服务,化解矛盾纠纷，提高法律意识，参与社会治理中发挥示范引领作用，以推动农村形成办事依法、遇事找法、解决问题用法、化解矛盾靠法的法治环境。

本书的编写特色与特点：

第一，根据我国现行金融法律体系的结构和侧重，编写全书的内容。60 个聚焦村民日常生产生活的金融风险防范法律问题，涵盖了《中华人民共和国民法典》《中华人民共和国商业银行法》等法律、行政法规，金融监管部门的规章，以及最高人民法院有关民间借贷、非法集资等司法解释和审判工作会议纪要的相关内容，并且有选择地吸收了司法经验和地方法治的实践情况，使本书成为集法律规范与案例分析于一体的专业工具书。

第二，根据常见的金融业务和金融活动类型，分类评析，努力让读者获得“有问必答”的体验：一是重点涉及民间借贷、理财投资、非法集资、银行卡纠纷等领域；二是结合虚拟货币、“赌石”、古玩古董等部分高风险领域，结合案例展开分析。

第三，每个问题除设立“案例”“法律分析”“知识链接”等常规栏目外，特设“纠纷解决技巧”栏目，结合金融纠纷解决的实际情况，引导读者理性地看待纠纷、科学地解决纠纷。每页配有笔记区，供读者学习时做笔记使用。每个问题均配有试题，方便读者检验学习成果，增强阅读印象。同时，本书附一套测试题，用于“法律明白人”自测、任前培训、上岗考核使用。

第四，深入浅出地讲解法律问题，把法律术语转化为生活语言、群众语言，力求简洁、平易；文风精炼，详略得当，重点突出，让读者轻松读、看得懂。

普法宣传是一个长期、持续的过程，任重道远。2020 年 12 月，中共中央印发了《法治社会建设实施纲要（2020—2025 年）》，明确提出到 2025 年，“八五”普法规划实施完成，法治观念深入人心，社会领域制度规范更加健全，社会主义核心价值观要求融入法治建设和社会治理成效显著，公民、法人和其他组织合法权益得到切实保障。希望本书能为中国特色社会主义法治体系建设、乡村振兴战略实施、“法律明白人”培养、村民的权益维护发挥作用，作出应有的贡献。

全国“八五”普法学习读本编写组

2022 年 4 月

目录

Contents

笔记区

1. 借款必须签订书面合同吗?

案例

张某和李某是老乡,均在某县城农产品批发市场从事销售工作。2020 年 8 月 3 日,因顾客购买需要,张某从李某处“调剂”一批货物,约定价格为 1.2 万元。张某当场支付了 2000 元现金,尚欠 1 万元未支付。两日后,张某又临时向李某借款 1 万元,李某通过微信转账给张某 1 万元。2020 年 9 月 2 日,张某给李某写了一张欠条,载明:因向李某借一批货物,以及为进货需要向李某借款 1 万元,共欠款 1.8 万元。

此后,李某因向张某多次索款未果,向人民法院起诉,要求张某还款 2 万元及利息。张某主张 2000 元借款已用货抵消,只需偿还 1.8 万元本金。李某觉得自己好心帮忙,没想到张某不讲信用,今后这借钱的事还能做吗?

法律分析

在本案中,“调剂”货物欠款和借款 1 万元时,李某均没有取得书面字据,存在一定风险。但事后,张某出具欠条,弥补了前期形成的风险。只是,欠条上载明“共欠款 1.8万元”,与李某主张的 2 万元不一致。张某对此的解释

笔记区

是,已经偿还2000元,但李某并不认可该说法。对此,双方都需要拿出证据证明该2000元是否偿还,以及证明偿还的目的是归还借款,还是支付货款。李某主张借款利息,张某只愿偿还本金,关键要看借款合同中的利息约定;如无约定,视为没有利息。

知识链接

《中华人民共和国民法典》第六百八十条　禁止高利放贷,借款的利率不得违反国家有关规定。

借款合同对支付利息没有约定的,视为没有利息。

借款合同对支付利息约定不明确,当事人不能达成补充协议的,按照当地或者当事人的交易方式、交易习惯、市场利率等因素确定利息;自然人之间借款的,视为没有利息。

最高人民法院《关于审理民间借贷案件适用法律若干问题的规定》第十五条第一款　原告仅依据借据、收据、欠条等债权凭证提起民间借贷诉讼,被告抗辩已经偿还借款的,被告应当对其主张提供证据证明。被告提供相应证据证明其主张后,原告仍应就借贷关系的存续承担举证责任。

纠纷解决技巧

首先,借款合同可以口头形式或者书面形式订立;为避免日后发生纠纷,订立书面合同较适宜。尽管签订书面合同较烦琐,特别是在亲友间借款时还磨不开面子,但书

笔记区

面合同较口头约定的好处在于:第一,书面借款合同能证明当事人之间存在借款关系,即使日后发展到向人民法院起诉要求还钱的地步,书面借款合同也是提起诉讼的重要依据。第二,书面借款合同能明确显示当事人之间借款关系的具体内容,如借款金额、利息、还款日期、担保事项等,这为纠纷解决提供了基本依据。第三,书面合同很好地保障了出借人的合法权益,借款人想“赖账”并不容易。

其次,即使借款时没有订立书面合同,能够证明借款事实和具体情况的其他证据也需要妥善收集和保存。例如,借款收据、微信中的聊天及转账记录、银行账户的转账情况和附言、担保人或其他证人的证明等。事实上,借款书面合同并不一定要求签订正式的合同,借条、欠条等能证明借款事实的字据也能起到借款书面合同的作用。即使借款当时未出具借条等字据,事后补签的各种书面借款字据也能起到书面合同的效果。

试题

下列哪种字据不能表明当事人之间存在借款等债权债务关系?(　　)[①]

A. 借款合同　　B. 借据　　C. 收据　　D. 欠条

---

① 答案:C。

笔记区

2. 只有转账凭证向法院起诉要求还款，能得到支持吗？

案例

2020年3月5日，赵某通过银行卡转账方式4次向梁某转账共计20万元。2020年4月，赵某与梁某的女儿小梁结婚。2021年3月，小梁向人民法院起诉要求离婚；6月，人民法院判决不准许离婚。2021年10月，赵某向人民法院起诉，要求梁某偿还20万元借款，并承担诉讼费用。赵某提供了银行卡及交易流水专用回单，证明其向梁某转账20万元。庭审后，赵某还提供了一份其与小梁离婚案件的开庭庭审笔录，其中有涉及20万元的谈话记录。梁某辩称，20万元并非借款，而是结婚彩礼。赵某提供的银行卡及交易流水专用回单仅能证明存在资金转账事实，并不能说明该20万元的性质为借款。赵某与小梁的离婚庭审记录显示，小梁称20万元与离婚案件无关，并不能证明该款项的性质为借款。那么，赵某向人民法院起诉梁某请求还款，能得到支持吗？

法律分析

向人民法院起诉，证据是至关重要的，因为法官只能

笔记区

在依靠证据认定事实的基础上作出裁判。究竟由谁提供证据，遵循的是“谁主张谁举证”基本原则。一方当事人提交的证据，还需要在庭审中质证证据的“真实性、合法性、关联性及证明目的”。

在本案中，赵某提供了银行卡及交易流水专用回单，只能证明存在20万元的资金转账事实。但该资金究竟是借款还是彩礼，尚需要依靠其他证据予以明确。但赵某不能提供20万元的借款合同、借条等债权凭证，或者提供其他能证明借贷法律关系存在的证据。因此，其要承担证明不能的后果——其诉讼请求不能被法院支持。

尽管赵某提供与小梁离婚案件的庭审记录，但该记录显示，提及该20万元时，小梁只是认为该款项与离婚案件无关，并没有明确该款项的性质为借款。因此，庭审记录中关于20万元的内容，与本案中需要证明该款项为借款的证明目的无关。

知识链接

《中华人民共和国民事诉讼法》第六十七条 当事人对自己提出的主张，有责任提供证据。

当事人及其诉讼代理人因客观原因不能自行收集的证据，或者人民法院认为审理案件需要的证据，人民法院应当调查收集。

笔记区

人民法院应当按照法定程序，全面地、客观地审查核实证据。

最高人民法院《关于审理民间借贷案件适用法律若干问题的规定》

第二条第一款　出借人向人民法院提起民间借贷诉讼时，应当提供借据、收据、欠条等债权凭证以及其他能够证明借贷法律关系存在的证据。

第十六条　原告仅依据金融机构的转账凭证提起民间借贷诉讼，被告抗辩转账系偿还双方之前借款或者其他债务的，被告应当对其主张提供证据证明。被告提供相应证据证明其主张后，原告仍应就借贷关系的成立承担举证责任。

最高人民法院《关于民事诉讼证据的若干规定》第二条　人民法院应当向当事人说明举证的要求及法律后果，促使当事人在合理期限内积极、全面、正确、诚实地完成举证。

当事人因客观原因不能自行收集的证据，可申请人民法院调查收集。

纠纷解决技巧

生活中，当事人之间会基于各种原因发生资金转账关系：既有借款关系，也有赠与、支付货款等关系。资金转账时，有的当事人为图方便，可能并没有签订合同或留下字

笔记区

据，但出借人仍然可以通过微信聊天记录、银行转账附言等方式明确转账资金的目的。

此外，借款人偿还借款时也需收取收条，载明收款人、偿还金额、日期，并由收款人亲笔签名、盖章。如果在分期偿还借款的同时，借款人和出借人之间还有其他资金往来关系，则更需注意写明每一笔资金的具体用途，以便日后一旦发生纠纷时能查明还款金额。

总之，为预防借款纠纷，“法律明白人”应注意向村民宣传，无论是作为出借人还是借款人，切忌“纯口头”操作，务必立下书面凭证。同时，当前电子设备较普及，当事人也可以通过音频、视频等方式录下借款、还款的具体情况，以备存为证据使用。

试题

人民法院审理借款合同等民事案件时，适用的举证原则是（　　）。[1]

A. 原告举证

B. 被告举证

C. 法院调查证据

D. “谁主张谁举证”

① 答案：D。

笔记区

▶ 3. 有借条就一定能打赢官司吗?

案例

2011年,冯某起诉,称朋友周某3次向其借款共计3.2万元,要求其归还借款。3张借条分别是:2009年4月2日,周某向冯某出具借条一张,载明"今借到冯某现金壹万伍仟元整(15,000元)";2009年5月8日,周某向冯某出具借条一张,载明"今借到冯某现金壹万贰仟元整(12,000元)";2009年6月8日,周某向冯某出具借条一张,载明"今借到冯某现金伍仟元整(5000元)"。周某抗辩:两人此前系情人关系,分手算"经济账"时,冯某要求周某写了上述借条,双方并没有发生实际借款关系;借条此前留在周某家中,因冯某有钥匙,其趁周某不备拿走了借条。

法院查明:2008年,冯某与周某相识,后发展为情人关系,冯某已有家庭,周某单身。2011年两人分手。周某提交了两人分手时对经济往来事务协商处理的一份录音记录:周某问冯某需要支付多少钱,冯某说由周某说了算;周某提出支付5000元,从此"两清";冯某未作否定,也未提及其他借款债务的事情。此外,周某还提交了一份2011年8月5日冯某出具的一张收条,载明"今收到周某现金伍仟元整(5000元)"。庭审中,冯某也自述两人在交往过程中,其为周某购买电视机等家电物品等。法院应该支持冯某的诉讼请求吗?

笔记区

法律分析

在现实生活中,人际关系是复杂的,资金转账的理由也千差万别。一些欠条、借据表面呈现借款关系,但也可能隐藏着当事人之间"言不由衷"的具体情况。因此,人民法院审理案件时会查明欠条、借条出具的具体情况,予以分别处理。常见的情况有:(1)男女朋友分手时被索要高额"分手费"或"青春损失费"等,一方打下了借条,该借条因违背公序良俗而无效。(2)因分手结算经济事务、合伙投资等暂时无力付款,写下借条;此种案件并不按照民间借贷处理,即不简单按照借条认定借款,需要考虑基础法律关系来具体审理案件。

在本案中,冯某只提供了3张借条;周某提供了录音证据以证明两人对交往期间经济往来进行协商处理,并且提供了约定中5000元的收据。冯某并不能证明前述3张借条是真实的借贷关系:既不能提供借款交付给周某的证据,也不能对周某提交的录音证据提出反驳证据。因此,其要承担举证不能的责任,即其诉讼请求无法获得法院的支持。

笔记区

知识链接

《中华人民共和国民法典》第一百五十三条第二款 违背公序良俗的民事法律行为无效。

最高人民法院《关于审理民间借贷案件适用法律若干问题的规定》第十五条 原告仅依据借据、收据、欠条等债权凭证提起民间借贷诉讼，被告抗辩已经偿还借款的，被告应当对其主张提供证据证明。被告提供相应证据证明其主张后，原告仍应就借贷关系的存续承担举证责任。

被告抗辩借贷行为尚未实际发生并能作出合理说明的，人民法院应当结合借贷金额、款项交付、当事人的经济能力、当地或者当事人之间的交易方式、交易习惯、当事人财产变动情况以及证人证言等事实和因素，综合判断查证借贷事实是否发生。

纠纷解决技巧

在民间借贷中，债权人即出借人不仅要持有借条等字据，尽可能详细写明借款事由、借款金额等内容，还需要保留证据证明款项已经交付借款人。通常而言，以银行转账、电子交易方式，更能保存付款记录；而采用现金交付的方式往往容易发生各种纠纷。如果是因为垫付款等其他原因构成欠款，应当尽量写明欠款缘由，不能简单地以借款债权债务关系的形式出现，避免日后产生纠纷。

笔记区

对借款人来说,应当就真实借款关系出具借条,切忌将其他民事债权债务关系的处理以写借条的方式简单处理。"法律明白人"在法律宣传中需提醒村民一定牢记:如果未真实发生借款关系而出具借条,或者未收到款项之前直接将借条交给出借方,可能会遭到"小人"的算计,届时可能"有口难辩"。对预先写好的借条,一定要妥善保管;未实际借到款时,应当将借条销毁;还款时务必索要借条原件,并要求出借人出具收条。

试题

有证据证明是在被威胁或者诱骗的情况下写下的借款字据,其法律效力是(　　)。[①]

A. 有效

B. 无效

C. 可撤销

D. 效力待定

① 答案:C。

笔记区

▶ 4. 被告称借条不是自愿写的，证明没有借款关系，测谎有用吗？

案例

孙某和陈某于2018年6~7月处于恋爱关系。7月10日，陈某向孙某出具借条一张，载明“本人借孙某现金100万元整，还款日期为7月底”。后孙某起诉到法院要求陈某还款。陈某辩称：孙某了解其亲戚是县上某银行领导，多次要求陈某通过关系办贷款，但陈某拒绝。为维持恋爱关系，陈某写下100万元借条，但借条不是其自愿写的，并且也从未收到100万元。

法院在审理中发现：第一，孙某陈述陈某的提款方式为“陈某独立将100万元(100元/张)扎好放进大小同装大衣的纸袋中，从孙某公司出门坐车”，缺乏合理性和可操作性。第二，孙某提供给法庭的各银行卡的明细账单中未发现金额在30万元以上的资金往来或存款，金额在10万元、20万元的存取款也比较少，该证据无法证明孙某有一次性筹集100万元的能力。第三，孙某在日常经营和生活中开设多个股票、期货账户，其100万元现金存于公司保险柜中，既违反企业财务规定，也不符合开公司、做投资的商人的一般做法；且100万元对外借款不以转账方式进行而采用现金方式，缺乏可信度。

应陈某申请，对双方是否存在借款事实进行测谎，第一次孙某拒绝到场，致使测谎中止。陈某再次申请，人民法院委托相关司法鉴定中心对陈某单方进行多道心理、生理测试，结果显示：陈某在陈述“我没有收到孙某借款100万元现金”时，无明显说谎表现。综合上述情况，人民法院最终判决驳回孙某的起诉。

法律分析

借款是否实际发生，是判断借款合同是否存在以及借款人是否需要还款的前提。本案中的人民法院结合借款金额、款项交付、当事人的经济能力、当事人的财产变动情况以及交易习惯等方面，进行了综合分析判断。另外值得关注的是，本案还委托司法鉴定中心进行测谎。尽管测谎结论并不能作为证据直接使用，但有时也可以在一定程度上帮助审查、判断其他证据，对案件事实的认定有一定的价值。

知识链接

《中华人民共和国民法典》

第一百四十八条 一方以欺诈手段，使对方在违背真实意思的情况下实施的民事法律行为，受欺诈方有权请求人民法院或者仲裁机构予以撤销。

第一百五十条 一方或者第三人以胁迫手段，使对方在违背真实意思的情况下实施的民事法律行为，受胁迫方

笔记区

有权请求人民法院或者仲裁机构予以撤销。

第六百七十九条 自然人之间的借款合同，自贷款人提供借款时成立。

《中华人民共和国民事诉讼法》

第六十七条第一款 当事人对自己提出的主张，有责任提供证据。

第七十九条 当事人可以就查明事实的专门性问题向人民法院申请鉴定。当事人申请鉴定的，由双方当事人协商确定具备资格的鉴定人；协商不成的，由人民法院指定。

当事人未申请鉴定，人民法院对专门性问题认为需要鉴定的，应当委托具备资格的鉴定人进行鉴定。

最高人民法院《关于审理民间借贷案件适用法律若干问题的规定》第十五条 原告仅依据借据、收据、欠条等债权凭证提起民间借贷诉讼……

被告抗辩借贷行为尚未实际发生并能作出合理说明的，人民法院应当结合借贷金额、款项交付、当事人的经济能力、当地或者当事人之间的交易方式、交易习惯、当事人财产变动情况以及证人证言等事实和因素，综合判断查证借贷事实是否发生。

纠纷解决技巧

涉及自然人借款合同纠纷，“法律明白人”可分别从合

笔记区

同成立和合同生效两个角度考虑解决的思路。

贷款人没有提供借款,就不存在借款关系,借款人自然不用还钱。当然,是否实际提供了借款,需要当事人提供相应证据,由人民法院综合判断。另外,即使借款合同成立,即贷款人提供了借款,仍可能存在合同无效、可撤销等情形。例如,一方当事人有语音或视频等证据证明借款合同是在受欺诈、胁迫等情况下签订的,则可以撤销借款合同。借款合同无效或被撤销,应当返还借款本金,且无须按合同约定支付利息等。

此外,尽管测谎结论的可靠性仍有争议,因此目前尚不能作为民事证据使用。但在缺乏其他直接证据的情况下,测谎结论有时也被用于审查、判断其他证据,对查明案件事实能起到一定的作用。所以,在司法实践中对待测谎的态度,既不是一概拒绝的,也不是高度信任的,而需结合借款金额、款项交付、借款当事人等具体情况综合判断。

试题

自然人之间的借款合同成立的时间是(　　)。①

A. 签订书面合同时　　B. 实际提供借款时

C. 贷款人收到书面合同时　　D. 征信部门登记时

---

① 答案:B。

笔记区

5. 借条上的金额和实际借款数额不一样，以哪个为准？

案例

2020年9月1日，周某请谢某帮忙向第三方借贷平台借钱，并给谢某写下借条："今请谢某帮忙从某平台借款2万元整，用于周转。平台借款分6期偿还，周某应在每次到期日前3天将当期应还本息交给谢某，由谢某向平台还款。"谢某从借款平台借款2万元后，于2020年9月3日通过微信分两次转账9000元和8000元给周某。2020年9月下旬，谢某将平台提示还款的信息转发给周某，显示第一期应偿还欠款3510.5元。当日，周某向谢某微信转账3511元，但此后，周某未再偿还后续5期欠款，谢某只能自己向借款平台偿还了剩余欠款。

2021年3月，谢某依据借条向周某主张：扣除第一期还款3511元外，周某应偿还借款本金2万元及利息885.41元的剩余部分。周某反驳，其实际只收到1.7万元本金。

法律分析

本案需要厘清两个借款关系：一个是谢某向某借贷平

笔记区

台的借款，借款平台实际支付了 2 万元本金；另一个是谢某与周某之间的借款关系，借条上写的金额为 2 万元，谢某实际上通过微信仅转账 1.7 万元。第一个借款关系中的借款金额为 2 万元。第二个借款关系中的借款金额应当按照 1.7 万元计算本金，因为自然人之间的借款合同为实践性合同，应当以实际支付的资金数额来确定借款数额。

知识链接

《中华人民共和国民法典》第六百七十九条　自然人之间的借款合同，自贷款人提供借款时成立。

最高人民法院《关于审理民间借贷案件适用法律若干问题的规定》第九条　自然人之间的借款合同具有下列情形之一的，可以视为合同成立：

（一）以现金支付的，自借款人收到借款时；

（二）以银行转账、网上电子汇款等形式支付的，自资金到达借款人账户时；

（三）以票据交付的，自借款人依法取得票据权利时；

（四）出借人将特定资金账户支配权授权给借款人的，自借款人取得对该账户实际支配权时；

（五）出借人以与借款人约定的其他方式提供借款并实际履行完成时。

笔记区

纠纷解决技巧

自然人之间的借款合同,约定的内容可能与实际发生的情况不一致,如约定借款额和实际收到资金数不一致、借款人和实际收款人不一致、还款期限约定与实际还款时间不一致等情况。面对上述种种情况,最稳妥的做法是双方就实际情况重新写说明并签字盖章。此外,借贷双方都要就与借款合同、借条等书面约定内容不一致的情况,保留必要证据,以证明未按借款合同履行义务是经双方同意对合同进行的变更,以及证明借款、还款实际是如何履行的,以便发生纠纷时能清楚地认定事实。

试题

自然人之间的借款合同,以微信方式支付借款的,该合同成立的时间是(　　)。[1]

A. 出借人同意出借时

B. 出借人完成微信转账时

C. 借款人收取微信转账时

D. 借款人从微信中提取借款时

---

① 答案:B。

笔记区

▶ 6. 借款利息从借款本金中扣除,这种方式合法吗?

案例

赵某于2020年4月8日向人民法院起诉,请求王某偿还3万元借款,并出具借条一张:"借款人:王某,出借人:赵某,王某借款叁万元整(30,000元),借期5个月。如到期未还,视为违约,王某自愿支付违约金(总借款的30%)。"借款后,王某未按期清偿3万元本金。

王某提交其名下银行卡于2019年8月3日的交易明细清单,证明其实际收到借款26,400元,余下3600元并未收到,原因是赵某将其作为利息预先扣除了。赵某称,支付借款时,26,400元是通过银行转账的,剩余3600元是通过现金支付的,但当时并未索要收据。王某对此说法并不认可。在本案中,借款本金究竟是多少?

法律分析

借款本金不仅是确定借款人负担偿还义务的基本内容,也是计算利息、罚息等事项的基本依据。利息是基于本金数额及借款期限,按照一定比例,以金钱或其他替代物偿还的法定孳息。本金和利息之间具有法律从属关系:

笔记区

有本金才有利息,本金债权消灭则利息债权也消灭。

在现实中,借款人往往因急需用钱而在借款商谈中处于劣势地位;出借人可能凭借相对优势而提出较苛刻的条件,如相对较高的利息、利息预先在本金中扣除等。预先扣除利息,民间称为“砍头息”“断头息”,是指在借款合同成立时就按约定计算基于本金数额的利息,并在交付借款时将此部分利息从本金中扣除。预先扣除利息造成借贷双方权利义务不平等,变相提高了借贷利息,因此需要由法律对其进行规制。规制的措施,不是宣告此种借款合同无效或可撤销,而是按照借款人实际收到的借款数额计算本金,并据此计算相应的利息。

知识链接

《中华人民共和国民法典》第六百七十条 借款的利息不得预先在本金中扣除。利息预先在本金中扣除的,应当按照实际借款数额返还借款并计算利息。

最高人民法院《关于审理民间借贷案件适用法律若干问题的规定》第二十六条 借据、收据、欠条等债权凭证载明的借款金额,一般认定为本金。预先在本金中扣除利息的,人民法院应当将实际出借的金额认定为本金。

纠纷解决技巧

借款时,出借人可能凭借优势,要求借款利息预先从本金中扣除。遇此情形,借款人应当留存证据,以证明实际收取的借款金额，从而保护自身利益。因为预先扣除的利息不算作本金，也不能计入本金计算利息；所以借款人既无须偿还该部分预先扣除的利息，也不用偿还该预先扣除金额后续所产生的利息。此外，向某些不规范的贷款公司贷款，可能被要求收取手续费、管理费等，并在本金发放中预先扣除此类费用。在此种情形下，也应按照借款人实际取得贷款数额计算本金和利息。

"法律明白人"应注意宣传，村民作为出借人应当了解，预先扣除利息的做法并不为法律所支持。同时，为保障出借人权利，在交付借款资金时，应当让借款人提供收条，明确载明收款金额以避免日后发生争议。

试题

张某向某小贷公司借款2万元，月息2分，借期1年。公司扣除管理费200元并预扣利息4800元后，向张某支付1.5万元资金。借款到期后，张某应支付的利息是(　　)元。①

A. 20, 000 × 2% × 12 = 4800

B. (20, 000 − 200) × 2% × 12 = 4752

C. (20, 000 − 4800) × 2% × 12 = 3648

D. (20, 000 − 5000) × 2% × 12 = 3600

① 答案：D。

笔记区

▶ 7. 自然人之间的借款没约定利息，能要求支付利息吗？

案例

李某起诉丁某要求返还 2 万元及利息。虽然李某没有借条，但其向法院提供了一段与丁某的电话录音："李某：我寻思和你说说家庭事。你家买房不还欠我 2 万元吗？你有的话赶紧给我啊。丁某：我现在没有，有了我马上给你。李某：啥时候能给？丁某：等我开工资吧。"

丁某抗辩，李某的借款已经以现金方式偿还了，双方都没有写借条和收条。电话录音是真的，但当时自己喝酒后神志不清。此外，李某要求逾期还款的利息也不成立，因为借款时未约定利息。

法律分析

首先，本案要确定借款关系是否存在。由于双方都认可并无借条、收据等书面凭据，电话录音便至关重要。录音中，双方表达通顺流利，内容清楚；丁某未否认 2 万元借款的事实，并且承诺开工资后偿还，可以认定借款关系存在。丁某事后抗辩，该电话是酒后神志不清所说的，但未能提供证据证明。丁某作为完全民事行为能力人，应对自

笔记区

己的言行负责。因此，人民法院认定借款关系存在。

其次，双方于借款时未约定利息，李某主张自借款时起到其电话中约定的还款日期之间的利息，人民法院不予支持。但逾期还款之后，李某可以主张参照当时一年期贷款市场报价利率标准计算的利息，人民法院应予支持。

知识链接

《中华人民共和国民法典》第六百八十条第二款 借款合同对支付利息没有约定的，视为没有利息。

最高人民法院《关于审理民间借贷案件适用法律若干问题的规定》

第二十四条 借贷双方没有约定利息，出借人主张支付利息的，人民法院不予支持。

自然人之间借贷对利息约定不明，出借人主张支付利息的，人民法院不予支持。除自然人之间借贷的外，借贷双方对借贷利息约定不明，出借人主张利息的，人民法院应当结合民间借贷合同的内容，并根据当地或者当事人的交易方式、交易习惯、市场报价利率等因素确定利息。

第二十八条 借贷双方对逾期利率有约定的，从其约定，但是以不超过合同成立时一年期贷款市场报价利率四倍为限。

笔记区

未约定逾期利率或者约定不明的,人民法院可以区分不同情况处理:

(一)既未约定借期内利率,也未约定逾期利率,出借人主张借款人自逾期还款之日起参照当时一年期贷款市场报价利率标准计算的利息承担逾期还款违约责任的,人民法院应予支持;

(二)约定了借期内利率但是未约定逾期利率,出借人主张借款人自逾期还款之日起按照借期内利率支付资金占用期间利息的,人民法院应予支持。

纠纷解决技巧

利息是借款合同中的重要内容,也是保护出借人的重要权利,因此最好能明确约定。自然人之间的借款合同,约定利息的为有偿合同,从其利息约定;未约定利息的视为无偿合同,视为没有利息。

"法律明白人"在普法宣传中需提醒村民注意三点:第一,民间借贷利息约定不得超过法定上限,以避免民间借贷高利化倾向。第二,约定的利息主要有两种:一是借款期内的利息;二是逾期还款利息。前者是本金的孳息,以资金借贷为前提,不需要以违约为前提;后者在本质上属于违约金,可以与约定的违约金、损害赔偿调整适用。第三,未约定借期内利率和逾期利率,出借人主张按照逾期利率支付利息的，能获支持；仅约定借期内利率而未约定逾期利率，出借人也可以主张按照借期内利率来计算逾期利息。

笔记区

试题

借款合同未约定借期利率，也未约定逾期利率，出借人主张逾期利息的，利率参照标准是(　　)。①

A. 年利24%

B. 年利36%

C. 中国人民银行同期同类贷款基准利率

D. 一年期贷款市场报价利率标准

① 答案：D。

笔记区

▶ 8. 签订借款合同约定利息和实际履行利息不一致合法吗?

案例

2019年9月22日,周某为改建鱼塘而与某贷款机构签订贷款合同,约定借款600万元,借期8年,贷款利率以还款计划表为准,平均年利率为11.88%,还款期数为96期,每期还款均含本息,每年12期还款金额一致,每12期递减一次还款金额。5日后,某贷款机构向周某转账支付600万元。周某按还款计划表逐月还款至2020年11月27日,申请提前还款获准,遂于2020年12月15日向小额贷款机构支付5,515,522.81元(其中本金5,505,522.81元、违约金10,000元),结清全部贷款。事后,周某认为该贷款机构告知其平均年率为11.88%,但实际执行利率却达20%之多,因此起诉至人民法院请求返还被多收取的利息。

在案件审理中,贷款机构为说明每期还款金额的计算方法,提交另一版本的还款计划表,除载明每期应还款金额、剩余本金外,还载明每期应还款中的利息金额、本金金额、当年利率(第一年利率为21.8%,此后逐年为19.6%、17.2%、14.43%、10.01%、6.67%、3.92%、1.32%)。在表格尾部还载明贷款本金600万元,利息合计5,702,400元,本息合

笔记区

计 11,702,400 元,总利率为 95.04%,年利率平均值为 11.88%。本案利息究竟应当按照何种标准计算?

法律分析

在现实中,贷款机构采用复杂的利率设计,利用借款人在此方面专业知识的不足,只展示较低利率、掩盖较高利率,或者展示较低的月利而掩盖较高的年利。这些具有一定误导性的利率宣传,容易造成借款人的认识误差。因此,我国法律从格式条款、金融消费者保护等方面进行了规定。本案利率以还款计划表的形式呈现,以格式条款形式成为借款合同的一部分内容。但还款计划表不足以反映实际利率,贷款机构在签订合同时也未对借款人进行提醒说明。因此,借款人可以主张还款计划表所确定的利率方案不得成为合同的内容。

知识链接

《中华人民共和国民法典》第四百九十六条 格式条款是当事人为了重复使用而预先拟定,并在订立合同时未与对方协商的条款。

采用格式条款订立合同的,提供格式条款的一方应当遵循公平原则确定当事人之间的权利和义务,并采取合理的方式提示对方注意免除或者减轻其责任等与对方有重大利害关系的条款,按照对方的要求,对该条款予以说明。

笔记区

提供格式条款的一方未履行提示或者说明义务，致使对方没有注意或者理解与其有重大利害关系的条款的，对方可以主张该条款不成为合同的内容。

《中国人民银行金融消费者权益保护实施办法》

第十六条第三项 银行、支付机构应当依据金融产品或者服务的特性，及时、真实、准确、全面地向金融消费者披露下列重要内容：

（三）贷款产品的年化利率。

第十七条 银行、支付机构对金融产品和服务进行信息披露时，应当使用有利于金融消费者接收、理解的方式。对利率、费用、收益及风险等与金融消费者切身利益相关的重要信息，应当根据金融产品或者服务的复杂程度及风险等级，对其中关键的专业术语进行解释说明，并以适当方式供金融消费者确认其已接收完整信息。

第二十一条 银行、支付机构向金融消费者提供金融产品或者服务时使用格式条款的，应当以足以引起金融消费者注意的字体、字号、颜色、符号、标识等显著方式，提请金融消费者注意金融产品或者服务的数量、利率、费用、履行期限和方式、注意事项、风险提示、纠纷解决等与金融消费者有重大利害关系的内容，并按照金融消费者的要求予以说明。格式条款采用电子形式的，应当可被识别且易于获取。

笔记区

纠纷解决技巧

格式条款或格式合同有助于节约订立合同的成本,提升缔约效率;但同时也容易导致订约双方权利义务严重失衡。为抑制格式条款的弊端,《中华人民共和国民法典》及相关金融法规中都对格式条款使用作出了规定:第一,格式条款提供方应当公平确定当事人之间的权利义务。第二,格式条款提供方应当以合理方式提请对方注意与其有重大利害关系的条款。第三,应对方要求,格式条款提供方应当对格式条款予以说明,使对方理解格式条款的含义。如果违反上述规定,未能使对方注意或者理解与其有重大利害关系条款的,该条款不得成为合同的内容。

试题

我国法律对格式条款的规制要求,不包括(　　)。[①]

A. 必须提供纸质格式条款文本

B. 应当公平确定合同权利义务

C. 格式条款提供方应当提请对方注意格式条款

D. 格式条款提供方有向对方解释说明格式条款的义务

① 答案:A。

笔记区

▶ 9. 向小额贷款公司借钱，利率适用民间借贷的上限规定吗？

案例

2018 年 12 月，张某与某小额贷款公司签订借款合同，约定："第一条　……借款 20 万元，用途为资金周转，借期 5 个月，从 2018 年 12 月 25 日至 2019 年 5 月 24 日。第二条　利率及调整　1. 月利率 3%……"借款到期后，张某未能偿还全部本息，双方又于 2021 年 7 月 10 日签订欠款确认及支付协议，内容为："甲乙双方对账后确认：1. 到目前为止，尚欠本金 15 万元；2. 利息实际支付到 2019 年 7 月 10 日，尚未支付的利息合计为 10.8 万元；3. 该协议已经扣除乙方（张某）就本借款合同已经支付的全部款项，任何一方均不得以任何理由对本协议金额提出异议，不得要求重算；4. 双方同意乙方于 2021 年 8 月 15 日之前将本息全部支付给甲方，利息计算到本息全部付清为止。2021 年 7 月 10 日之后到付清为止的利息按照年利率 15.8% 计算。"事后，张某仍未付清全部借款金额。小额贷款公司起诉至法院。

一审法院审理认为，2015 年最高人民法院《关于审理民间借贷案件适用法律若干问题的规定》第 26 条第 2 款

笔记区

规定，借贷利率超过年利率36%的，超过部分无效，借款合同约定月利率3%有效。2020年8月19日最高人民法院发布修改后的《关于审理民间借贷案件适用法律若干问题的规定》，其第29条规定，约定利率上限为合同成立时一年期贷款市场报价利率的4倍，欠款确认及支付协议中按照3%月利率计算的利息10.8万元超过利率上限，不予保护；该协议中还约定"2021年7月10日之后到付清为止的利息按照年利率15.8%计算"，超过了订立协议当时一年期贷款市场报价利率3.85%的4倍，应当调整为15.4%。小额贷款公司上诉，二审法院最终支持了小额贷款公司按月利率3%及年利率15.8%计算相应利息的全部请求。

法律分析

民间借贷的利率上限，在2015年最高人民法院《关于审理民间借贷案件适用法律若干问题的规定》中规定了年利率24%和36%两条线：年利率约定在24%～36%，借款人支付利息的，不得请求返还；未支付的，出借人不得要求支付。

为适应利率市场化改革及支持小微企业的发展，2020年8月最高人民法院修改《关于审理民间借贷案件适用法律若干问题的规定》，规定一年期贷款市场报价利率的4倍为民间借贷利率的上限。2020年8月至2022年3月，

笔记区

贷款市场报价利率为3.7%～3.85%，其4倍利率较2015年最高人民法院《关于审理民间借贷案件适用法律若干问题的规定》确定的24%有较大下降幅度，以较好地支持小微企业、民营企业的发展。近年来，各地陆续出台地方金融监管条例将小额贷款公司、融资租赁公司等地方金融组织纳入监管。2020年最高人民法院作出《关于新民间借贷司法解释适用范围问题的批复》，明确地方金融监管部门监管的小额贷款公司等7类地方金融组织，因从事相关金融业务发生的纠纷不适用最高人民法院《关于审理民间借贷案件适用法律若干问题的规定》。

知识链接

最高人民法院《关于审理民间借贷案件适用法律若干问题的规定》

第二十五条 出借人请求借款人按照合同约定利率支付利息的，人民法院应予支持，但是双方约定的利率超过合同成立时一年期贷款市场报价利率四倍的除外。

前款所称"一年期贷款市场报价利率"，是指中国人民银行授权全国银行间同业拆借中心自2019年8月20日起每月发布的一年期贷款市场报价利率。

第三十一条 本规定施行后，人民法院新受理的一审民间借贷纠纷案件，适用本规定。

笔记区

2020 年 8 月 20 日之后新受理的一审民间借贷案件，借贷合同成立于 2020 年 8 月 20 日之前，当事人请求适用当时的司法解释计算自合同成立到 2020 年 8 月 19 日的利息部分的，人民法院应予支持；对于自 2020 年 8 月 20 日到借款返还之日的利息部分，适用起诉时本规定的利率保护标准计算。

本规定施行后，最高人民法院以前作出的相关司法解释与本规定不一致的，以本规定为准。

最高人民法院《关于新民间借贷司法解释适用范围问题的批复》 一、关于适用范围问题。经征求金融监管部门意见，由地方金融监管部门监管的小额贷款公司、融资担保公司、区域性股权市场、典当行、融资租赁公司、商业保理公司、地方资产管理公司等七类地方金融组织，属于经金融监管部门批准设立的金融机构，其因从事相关金融业务引发的纠纷，不适用新民间借贷司法解释。

纠纷解决技巧

按照最高人民法院《关于审理民间借贷案件适用法律若干问题的规定》，民间借贷利率上限不得超过合同成立时一年期贷款市场报价利率的 4 倍。小额贷款公司、融资担保公司、区域性股权市场、典当行、融资租赁公司、商业保理公司、地方资产管理公司 7 类地方金融组织，不适用最高人民法院《关于审理民间借贷案件适用法律若干问题

笔记区

的规定》。需要注意的是，地方金融组织是依法设立的、由地方政府监督管理的从事地方金融业务的机构。包括北京、上海、江苏、浙江、山东、湖北、贵州、吉林等省市都出台了地方性法规，中国人民银行也在 2021 年 12 月发布了《地方金融监督管理条例(草案征求意见稿)》。上述规范都对地方金融机构的设立、监督管理进行了规定，如要求其办理行政许可或备案手续等。因此，与小额贷款公司等机构发生纠纷时，如贷款机构依法设立，办理了许可或备案手续，则利率不适用贷款市场报价利率 4 倍的上限；若贷款机构虽叫“小额贷款公司”等名称，但其不属于依法设立并接受地方金融监管的范围，则其贷款关系属于民间借贷，利率上限需受贷款市场报价利率 4 倍的限制。

试题

2021 年 3 月 2 日订立的民间借贷合同，其年利率上限是(　　)。[①]

A. 24%

B. 36%

C. 1 年期贷款市场报价利率的 4 倍

D. 5 年期贷款市场报价利率的 4 倍

---

① 答案:C。

笔记区

▶ 10. 借款合同约定了逾期利息、违约金和其他费用，借款逾期后起诉能获得全部支持吗？

案例

2020年9月1日，楼某向马某借款60万元，出具借条一份："楼某因家庭需要，于2020年9月1日向马某借款60万元整，借款期限自9月1日至10月1日。如到期不能归还本金，按月息2分计算；马某为实现债权的费用包括但不限于诉讼费、律师费、保全费、公告费、保函费、误工费等一切费用全部由借款人承担。"当天，马某通过某省农村信用社分3次给楼某转账60万元。

借款到期后，楼某未及时偿还借款。马某要求楼某按约定偿还借款60万元及利息3万元，并支付律师费2.5万元。马某提交了与某律师事务所签订的委托协议书及发票，证明律师费为2.5万元。

法律分析

本案当事人未约定借款期内的利息，视为无息。当事人约定了逾期还款利息为月息2分，即年利率24%，因该约定时间为2020年9月1日，故适用最高人民法院《关于审理民间借贷案件适用法律若干问题的规定》规定的贷款

笔记区

市场报价利率4倍规则,按照贷款市场报价利率为3.85%的4倍计算逾期利率,即年利率为15.4%。此外,当事人还约定了出借人实现债权的费用,包括律师费2.5万元。

有争议的是,律师费等实现债权费用,是否与逾期利息、违约金等一并计入,受贷款市场报价利率4倍上限的限制。实践中的观点认为,如果将实现债权的费用也一并计入利息、逾期利息当中,接受贷款市场报价利率4倍上限的限制,将极大压缩利率空间,对出借人实现债权不利。并且,律师费等实现债权的费用是债务人未按约定偿还欠款所致的,并非债权人基于借款合同直接获得的利益。因此,实现债权的费用不属于"其他费用"的范围,应当单独计算。当然,实现债权的费用应当合理,本案当事人请求的2.5万元律师费,人民法院根据当地律师服务收费标准、本案案件类型、标的额、案件复杂程度及当地经济发展水平等因素,酌情调整为1万元整。

知识链接

《中华人民共和国民法典》第五百八十五条 当事人可以约定一方违约时应当根据违约情况向对方支付一定数额的违约金,也可以约定因违约产生的损失赔偿额的计算方法。

约定的违约金低于造成的损失的,人民法院或者仲裁

笔记区

机构可以根据当事人的请求予以增加；约定的违约金过分高于造成的损失的，人民法院或者仲裁机构可以根据当事人的请求予以适当减少。

当事人就迟延履行约定违约金的，违约方支付违约金后，还应当履行债务。

最高人民法院《关于审理民间借贷案件适用法律若干问题的规定》第二十九条 出借人与借款人既约定了逾期利率，又约定了违约金或者其他费用，出借人可以选择主张逾期利息、违约金或者其他费用，也可以一并主张，但是总计超过合同成立时一年期贷款市场报价利率四倍的部分，人民法院不予支持。

纠纷解决技巧

出借人起诉请求的内容，可能会包括本金、利息、逾期利息、违约金、实现债权的费用等，这些项目因法律属性不同，在计算和适用方面有较复杂的规则。通常而言，年利息及逾期年利息不应超过贷款市场报价利率的 4 倍，订立合同时收取的各种手续费也都应一并计算，以保证借款人借款时的总体成本负担水平。逾期利息和违约金都以违约为前提，但当事人约定的违约金过高，可依据《中华人民共和国民法典》的规定请求人民法院适当减少；而逾期利息并不适用调整规则，按当事人的约定直接适用；逾期利

笔记区

息、违约金可以一并主张，但总和不得超过贷款市场报价利率的4倍。实现债权的费用，如律师费、诉讼费、担保物处置费、保全费等，不并入利息和逾期利息中，按照实际发生的合理费用来计算金额。

明确上述基本规则，有助于出借人和借款人明确自己的权利边界，促使借款人及时履行义务。

试题

下列关于逾期利息的说法正确的是（　　）。①

A. 借款合同对逾期利息未约定的，人民法院不支持逾期利息

B. 逾期利息和违约金只能选择一种请求

C. 逾期利息也应受贷款市场报价利率4倍的上限限制

D. 逾期利息中应当包含律师费等实现债权的费用

---

① 答案：C。

笔记区

11."套路贷"与民间借贷的区别在哪里?

案例

2015年,苏某因急需资金,经人介绍认识了某贷款公司员工姜某。其后,姜某、谢某等人多次借钱给苏某,但每次都要求苏某出具含虚高金额的借条;姜某、谢某还利用苏某欠款到期之际,采用借新还旧的方式更新借条,并趁机再次提高借款金额。此外,姜某、谢某还利用虚假银行走账、取现当场索还部分现金、故意制造违约等方式,不断垒高苏某的欠款金额至70万元。事实上,苏某从姜某、谢某处实际借款为19万元。

在知晓苏某无法清偿70万元债款后,姜某伙同他人多次通过劝诱、威逼等手段,要求苏某以一套房抵债。苏某万般无奈,向公安机关报案,认为姜某、谢某等人涉嫌"套路贷"犯罪活动。那么,如何区分正常的民间借贷和"套路贷"犯罪活动?

法律分析

"套路贷"通常涉嫌诈骗犯罪,不仅严重损害借款人的合法权益,更具有较大的社会危害性。其以非法占有为目的,假借民间借贷之名,诱使或迫使借款人签订"借贷"或

笔记区

变相“借贷”“抵押”“担保”等相关协议，通过虚增借贷金额、恶意制造违约、肆意认定违约、毁匿还款证据等方式形成虚假债权债务关系，并借助诉讼、仲裁、公证或者采用暴力、威胁以及其他手段，非法占有被害人的财物。

民间借贷与“套路贷”的差异包括：民间借贷是当事人意思自治形成的借贷关系，“套路贷”中包含诱导、欺骗、胁迫等违背借款人意思的行为；民间借贷中出借人以按约收取本金利息为目的，“套路贷”中出借人具有非法占有他人财物的目的；“套路贷”为使“套路”尽量合理，往往嵌套担保、借新还旧、虚高借款等手段，由多人配合操作，假借民间借贷“外衣”，通过诉讼、仲裁等手段，谋求非法占有他人的财物；“套路贷”中多存在肆意认定违约、恶意制造违约、伪造付款痕迹、隐匿销毁证据、骚扰威胁借款人等情形。

人民法院审理民间借贷案件时，会综合判断是否属于虚假民事诉讼；对恶意制造、参与虚假民事诉讼的，应当依法予以罚款、拘留；构成犯罪的，将移送有管辖权的司法机关依法追究其刑事责任。

知识链接

最高人民法院《关于审理民间借贷案件适用法律若干问题的规定》第十八条　人民法院审理民间借贷纠纷案件时发现有下列情形之一的，应当严格审查借贷发生的原

笔记区

因、时间、地点、款项来源、交付方式、款项流向以及借贷双方的关系、经济状况等事实,综合判断是否属于虚假民事诉讼:

(一)出借人明显不具备出借能力;

(二)出借人起诉所依据的事实和理由明显不符合常理;

(三)出借人不能提交债权凭证或者提交的债权凭证存在伪造的可能;

(四)当事人双方在一定期限内多次参加民间借贷诉讼;

(五)当事人无正当理由拒不到庭参加诉讼,委托代理人对借贷事实陈述不清或者陈述前后矛盾;

(六)当事人双方对借贷事实的发生没有任何争议或者诉辩明显不符合常理;

(七)借款人的配偶或者合伙人、案外人的其他债权人提出有事实依据的异议;

(八)当事人在其他纠纷中存在低价转让财产的情形;

(九)当事人不正当放弃权利;

(十)其他可能存在虚假民间借贷诉讼的情形。

纠纷解决技巧

在实践中,借款人会基于各种急迫需要而借款,"法律

笔记区

明白人”可提醒村民作为借款人时，应从以下几个方面注意保护自身的权利。首先，应尽量向正规金融机构借款。对贷款资质较差的当事人，不宜轻信“无担保贷款”“低息”“快速放款”等宣传。其次，订立借款合同时应尊重事实，拒绝签署金额虚高等的虚假贷款合同，拒绝借款后立即返还部分或全部资金的要求，拒绝借新还旧时的不合理条件等。同时，切忌提供非借贷所需的个人信息，如大量亲友联系方式等，特别注意不应当提供隐私信息。最后，发生纠纷时，应寻求调解、仲裁或诉讼等法律途径予以解决；出借人采用骚扰、威胁、暴力等方式违法催债的，可报警处理。

试题

下列各项中，不是“套路贷”的常见犯罪手法的是（　　）。[1]

A. 故意制造违约

B. 肆意认定违约

C. 恶意垒高借款金额

D. 利息从本金中预先扣除

---

① 答案：D。

笔记区

▶ 12. 网络贷款暗中搭售借款保证保险合法吗?

案例

2021年8月,刘某在某普惠平台贷款30万元,分36期偿还。订立合同时,普惠平台业务员声称,该贷款的利息是6~8厘,由正规银行放款,此外没有任何费用。在业务员指导下,刘某直接签署了办理贷款所需的各种资料。

第1期还款时,普惠平台通知刘某应还款合计13,098.73元,其中月偿还本息9750.73元,剩余的则是月服务费1062.00元、月保险费1536.00元、月担保费750.00元。截至第7期还款,月还款合计12,611.03元,其中月服务费907.30元、月保险费1312.25元、月担保费640.75元,保险费、担保费和服务费占总还款额的22.7%。

刘某向普惠平台提出异议,认为业务员告知其没有其他费用,平台不应每月收取担保费、保险费等费用。普惠平台提供签订合同时的视频,其中显示刘某被问到"是否知道有保险费"时,刘某回答"知道"。刘某声称,这是业务员告知其:为了顺利得到贷款,在回答提问时都需要回答"知道""满意"等答案。他认为这就是走个流程,就按照业务员的指示回答了问题,并签署了一系列贷款资料。那么,刘某是否应当支付贷款中的担保费、保险费等费用?

笔记区

法律分析

近年来，“办理贷款时捆绑保险”等投诉不断出现，表现形式多样：可能像本案中刘某那样，在业务员的指示下签署了带有贷款保险的贷款材料；通过网络办理贷款时，直接在填写资料时被要求勾选同意搭售贷款保险的条款，否则无法继续网络申请手续。

但是，这些操作是不合法的。第一，此类操作往往涉嫌侵犯消费者的知情权和自主选择权。第二，无论是预先准备好的贷款资料还是网络电子文本，都属于格式条款。在未对消费者提醒注意并解释说明的情况下，消费者签订的格式条款不得成为合同的内容。

知识链接

《中华人民共和国消费者权益保护法》

第九条　消费者享有自主选择商品或者服务的权利。

消费者有权自主选择提供商品或者服务的经营者，自主选择商品品种或者服务方式，自主决定购买或者不购买任何一种商品、接受或者不接受任何一项服务。

消费者在自主选择商品或者服务时，有权进行比较、鉴别和挑选。

第十六条第三款　经营者向消费者提供商品或者服务，应当恪守社会公德，诚信经营，保障消费者的合法权益;不得设定不公平、不合理的交易条件,不得强制交易。

第二十六条 经营者在经营活动中使用格式条款的,应当以显著方式提请消费者注意商品或者服务的数量和质量、价款或者费用、履行期限和方式、安全注意事项和风险警示、售后服务、民事责任等与消费者有重大利害关系的内容,并按照消费者的要求予以说明。

经营者不得以格式条款、通知、声明、店堂告示等方式,作出排除或者限制消费者权利、减轻或者免除经营者责任、加重消费者责任等对消费者不公平、不合理的规定,不得利用格式条款并借助技术手段强制交易。

格式条款、通知、声明、店堂告示等含有前款所列内容的,其内容无效。

国务院办公厅《关于加强金融消费者权益保护工作的指导意见》 三、规范金融机构行为

……

(五)保障金融消费者自主选择权。金融机构应当在法律法规和监管规定允许范围内,充分尊重金融消费者意愿,由消费者自主选择、自行决定是否购买金融产品或接受金融服务,不得强买强卖,不得违背金融消费者意愿搭售产品和服务,不得附加其他不合理条件,不得采用引人误解的手段诱使金融消费者购买其他产品。

……

笔记区

《中国人民银行金融消费者权益保护实施办法》

第十五条 银行、支付机构应当尊重金融消费者购买金融产品或者服务的真实意愿,不得擅自代理金融消费者办理业务,不得擅自修改金融消费者的业务指令,不得强制搭售其他产品或者服务。

第六十二条第二项 银行、支付机构违反本办法规定,有下列情形之一,有关法律、行政法规有处罚规定的,依照其规定给予处罚……

(二)擅自代理金融消费者办理业务,擅自修改金融消费者的业务指令,或者强制搭售其他产品或者服务的。

纠纷解决技巧

提升金融消费者自身的风险防范意识和权利保护意识非常重要。以本案为例,“法律明白人”在普法宣传中可作以下几点提示:

第一,高度重视签订合同的过程。各类金融机构销售金融产品,往往提供预先制作好的格式文本和相关材料,要求金融消费者签署。金融消费者不能认为“大家都是签一样的合同”“这个合同是公司提供的格式文本,应该没问题”,就忽略对格式文本和相关材料的认真阅读与真正理解。尤其是业务人员可能利用金融消费者业务知识和法律知识薄弱等弱势,声称按其指示完成操作即可,这往往

笔记区

可能会在日后埋下发生纠纷的隐患。

第二,在监管规则的要求下,金融机构会在金融产品销售过程中留存资料,包括签署的书面材料和记录向金融消费者说明重要内容的录音、录像资料等。在回答金融机构的提问时,金融消费者应当如实回答,切忌由从业人员代为操作或按其指示操作。遇到不了解的事项,应当提出并由金融机构工作人员作出回答,直到清楚理解,慎重考虑后再作出决定。尽管过程会显得烦琐耗时,但相较日后发生纠纷的烦恼,提前了解并慎重作出决定才是预防金融消费风险的重点。

第三,发生金融消费纠纷,除向人民法院提起诉讼外,还可以向金融监管部门、消费者权益保护部门提出投诉或要求调解。后者也是解决金融消费纠纷的有效途径。

试题

办理贷款时被要求购买贷款保证保险,主要侵害了消费者的什么权利?(　　)①

A. 自主选择权　　B. 公平交易权

C. 知情权　　D. 个人信息权

① 答案:A。

笔记区

▶ 13. 出借人知晓借款人系替他人借款，借款人需承担还款责任吗？

案例

孟某向某农村信用社借款，但苦于不符合相关贷款条件，遂委托胡某代为借款。为此，孟某与胡某签订的借款协议载明："胡某替孟某向某农村信用社借款5万元，所有本金、利息及一切费用由孟某负责清偿。孟某与周某共同担保胡某向农村信用社的上述借款。"担保人周某也在该协议上签了字。

借款协议签订后，胡某向某农村信用社申请借款5万元。信用社业务人员李某在办理借款申请时知晓胡某借款系替代孟某所为，也看到胡某与孟某签订的借款协议。在审核胡某借款条件时，李某还发现胡某个人尚需偿还某商业银行汽车贷款。在综合评估胡某的个人贷款能力后，农村信用社决定放贷，并与胡某签订了个人借款合同。胡某收到农村信用社发放的5万元后，转交孟某使用。

农村信用社贷款到期后，胡某按个人借款合同约定还款，并按借款协议约定向孟某追偿。孟某主张借款协议无效，担保人周某也拒绝承担担保责任。在本案中，胡某与孟某签订的借款协议有效吗？周某是否需要承担担保责任？

笔记区

法律分析

在本案中，胡某与孟某签订的借款协议是否有效，主要是看其是否构成“套取金融机构贷款而转贷”的情形。按照《全国法院民商事审判工作会议纪要》的解释，胡某在向农村信用社申请贷款时，其尚有商业银行汽车贷款未还清，因此“一般可推定出借人套取信贷资金”，从而导致借款协议无效。如果借款协议无效，周某的担保是借款协议的从行为，也应当无效，则周某不需要承担担保责任。

知识链接

最高人民法院《关于审理民间借贷案件适用法律若干问题的规定》第十三条第一项 具有下列情形之一的，人民法院应当认定民间借贷合同无效：

（一）套取金融机构贷款转贷的；

《全国法院民商事审判工作会议纪要》 52.【高利转贷】民间借贷中，出借人的资金必须是自有资金。出借人套取金融机构信贷资金又高利转贷给借款人的民间借贷行为，既增加了融资成本，又扰乱了信贷秩序，根据民间借贷司法解释第 14 条第 1 项的规定，应当认定此类民间借贷行为无效。人民法院在适用该条规定时，应当注意把握以下几点：一是要审查出借人的资金来源。借款人能够举

笔记区

证证明在签订借款合同时出借人尚欠银行贷款未还的，一般可以推定为出借人套取信贷资金，但出借人能够举反证予以推翻的除外；二是从宽认定“高利”转贷行为的标准，只要出借人通过转贷行为牟利的，就可以认定为是“高利”转贷行为；三是对该条规定的“借款人事先知道或者应当知道的”要件，不宜把握过苛。实践中，只要出借人在签订借款合同时存在尚欠银行贷款未还事实的，一般可以认为满足了该条规定的“借款人事先知道或者应当知道”这一要件。

纠纷解决技巧

在民间借贷中，出借人应当保证资金来源真实、合法，不得套取金融机构信贷资金转贷牟利，否则不仅会增加实际借款人的融资成本，而且延长借款关系链条增加违约风险，进而扰乱信贷、金融秩序。因此，作为出借人，应当确保资金来源符合法律要求，避免因资金来源不合法导致借款合同无效，从而使出借资金无法获得法律周全的保护。

13. 出借人知晓借款人系替他人借款，借款人需承担还款责任吗？

试题

笔记区

下列各项中，民间借贷合同有效的是(　　)。[1]

A. 出借人从金融机构借款后高利放贷给借款人

B. 出借人尚欠金融机构借款未清偿，再次向金融机构贷款转贷给借款人

C. 出借人从金融机构存款账户中取出资金，贷给借款人

D. 出借人事先知道所借款项用于违法活动，仍借贷给借款人

---

① 答案：C。

笔记区

▶ 14. 企业能向其他企业或个人借款吗?

案例

瑞康农产品公司(贷款方)是禾凯农产品公司(借款方)的控股股东。2018年9月1日,两公司签订一份借款协议,载明:“为支持借款方业务发展,贷款方同意按本协议向借款方提供资金支持。借款金额:在本协议约定下,具体贷款金额以借款方向贷款方提款数额为准;借款期限一年,自2018年1月1日至2018年12月31日止。利息:贷款期内,现金汇款利率为年化7%;银行承兑汇票利率为年化2.8%;利息如有变化,以贷款方书面通知或集团公告为准;逾期利息在年利率的基础上加收50%。”2019年1月1日,双方又签订借款协议,内容与上述借款协议相同,约定期限为2019年1月1日至2019年12月31日。2020年3月,双方再次签订借款协议,除将期限扩展至2016年1月1日至2020年8月30日外,其他内容与前两份协议相同。上述协议签订后,瑞康农产品公司陆续向禾凯农产品公司出借款项,其间禾凯农产品公司偿还了部分本息。2020年12月31日,双方对账,禾凯农产品公司尚欠400余万元本息未偿还。瑞康农产品公司起诉禾凯农产品公司要求还款。禾凯农产品公司认为3份借款协议无效:瑞

笔记区

康农产品公司为支持禾凯农产品公司业务发展而借予资金,但事实上瑞康农产品公司的借款本金系其从银行获取的信贷资金,其行为属于利用信贷资金高利转贷的行为,借款协议无效。本案借款协议是否有效?民间借贷中还有哪些导致借贷无效的情形?

法律分析

从金融秩序和风险防范的角度,在《中华人民共和国民法典》规定的民事行为无效情形之外,最高人民法院《关于审理民间借贷案件适用法律若干问题的规定》第 13 条特别规定了“套取金融机构贷款转贷的”等 6 种民间借贷合同无效的情形。在本案中,瑞康农产品公司和禾凯农产品公司借款协议的效力是争议焦点。《全国法院民商事审判工作会议纪要》第 52 条对“高利转贷”的认定中提出要审查出借人的资金来源:借款人能够举证证明在签订借款合同时出借人尚欠银行贷款未还的,一般可以推定为出借人套取信贷资金,但出借人能够举反证予以推翻的除外。2016 年至 2020 年,两公司几乎每个月都有借款往来,被告没有证据证明在上百笔借款往来中哪笔借款与贷款有关,难以认定瑞康农产品公司从金融机构套取资金转贷的行为。因此,本案借款协议有效,禾凯农产品公司应当按约定偿还各项本息。

笔记区

知识链接

最高人民法院《关于审理民间借贷案件适用法律若干问题的规定》

第十条 法人之间、非法人组织之间以及它们相互之间为生产、经营需要订立的民间借贷合同,除存在民法典第一百四十六条、第一百五十三条、第一百五十四条以及本规定第十三条规定的情形外,当事人主张民间借贷合同有效的,人民法院应予支持。

第十三条 具有下列情形之一的,人民法院应当认定民间借贷合同无效:

(一)套取金融机构贷款转贷的;

(二)以向其他营利法人借贷、向本单位职工集资,或者以向公众非法吸收存款等方式取得的资金转贷的;

(三)未依法取得放贷资格的出借人,以营利为目的向社会不特定对象提供借款的;

(四)出借人事先知道或者应当知道借款人借款用于违法犯罪活动仍然提供借款的;

(五)违反法律、行政法规强制性规定的;

(六)违背公序良俗的。

纠纷解决技巧

民间借贷合同不得违反法律法规的强制性规定,不得

笔记区

违背公序良俗,否则无效。最高人民法院《关于审理民间借贷案件适用法律若干问题的规定》第 13 条列举的前 4 种情形,是从民间借贷审判实践中总结的常见的因扰乱金融秩序而无效的情形;后 2 项则是承接《中华人民共和国民法典》对民事法律行为无效的概括性规定,以列举加概括方式规定了常见的导致民间借贷合同无效的情形。此外,在第 3 项“未依法取得放贷资格的出借人,以营利为目的向社会不特定对象提供借款”的理解中,《全国法院民商事审判工作会议纪要》第 53 条规定,未依法取得放贷资格的以民间借贷为业的法人,以及以民间借贷为业的非法人组织或者自然人从事的民间借贷行为,应当依法认定无效。同一出借人在一定期间内多次从事有偿民间借贷行为的,一般可以认定为是职业放贷人。

试题

因“套取金融机构贷款转贷”而致民间借贷合同无效的,需满足的条件是(　　)。[1]

A. 转贷人高利转贷　　B. 借款人事先知道

C. 借款人事先应当知道　　D. 资金源于金融机构贷款

---

① 答案:D。

笔记区

▶ 15. 单位向职工借款筹集资金的做法合法吗？

案例

毛某为某畜牧公司员工，劳动合同期限为2017年至2020年。2018年3月，畜牧公司为提升公司产能，向毛某等部分员工集资。毛某向畜牧公司缴款5万元，收据载明：收款方式为现金，金额为5万元，收款事由为设备股份投入。后毛某要求畜牧公司返还5万元，畜牧公司认为该款是自动印刷机股份投入，毛某应当自负盈亏。双方遂产生纠纷。本案涉及的5万元资金，究竟是借款还是入股出资？单位向职工集资，是否违法？

法律分析

本案涉及两个问题：第一，5万元是借款还是入股出资？第二，如果是借款，单位向职工借款是否合法？

关于第一个问题，主要是看当事人的约定及后续履行情况。通常而言，借款会约定利息、借款期限、担保等事项。投资入股会约定股权比例、股息红利计算方法、股权退出方式；同时，股息红利的分配可能是定期或不定期的，入股人有权参与投资项目的经营管理。本案人民法院根据毛某未参与设备的购买及后续生产经营过程，双方未签订入股协议，未书面约定共享收益、共担风险、共同参与经营管理等内容，认定毛某与畜牧公司之间为借款关系。

关于第二个问题，最高人民法院《关于审理民间借贷案件适用法律若干问题的规定》第 13 条第 2 项规定，向本单位职工集资取得的资金转贷的，民间借贷合同无效。根据该规定，应当理解为单位转贷给借款人的转贷合同无效，单位向职工以借款形式进行的集资合同仍然是有效的。在本案中，毛某与畜牧公司的借款并未出现合同无效的情形，因此借款合同有效，毛某请求还款的诉求应当得到支持。

知识链接

最高人民法院《关于审理民间借贷案件适用法律若干问题的规定》

第十一条　法人或者非法人组织在本单位内部通过借款形式向职工筹集资金，用于本单位生产、经营，且不存在民法典第一百四十四条、第一百四十六条、第一百五十三条、第一百五十四条以及本规定第十三条规定的情形，当事人主张民间借贷合同有效的，人民法院应予支持。

第十三条第二项　具有下列情形之一的，人民法院应当认定民间借贷合同无效：

（二）以向其他营利法人借贷、向本单位职工集资，或者以向公众非法吸收存款等方式取得的资金转贷的；

笔记区

纠纷解决技巧

在实践中，单位向职工集资，职工应明确究竟是借款还是入股出资。同时，为避免在订立合同时未仔细斟酌，采用了与内容不相符合的合同名称的情况，如将借款协议写作入股协议等，需明辨合同的法律关系，尽量采用名实相符的合同名称；如有疑问，可通过各种方式进行咨询后再订立合同，以减少纠纷发生的可能性。"法律明白人"在普法宣传中应注意提醒村民，作为职工与单位订立借款或者出资协议时应注意以下几点：首先，应获得正式的书面协议。其次，部分协议内容可能并未明确写入协议中，而是通过职工（代表）大会或董事会决议等形式予以明确的。在签订书面协议时，职工也应当索要这些决议以作为协议的组成部分，以便日后主张权利时有明确的依据。

试题

单位向职工筹资属于借款还是入股，下列判断正确的是（　　）。[①]

A. 无论借款还是入股，都会约定筹资期限

B. 无论借款还是入股，职工都有权参与单位的经营管理

C. 借款应按期支付利息，入股必须定期派发股息

D. 借款应约定还款期限，入股需约定股权退出方式

① 答案：D。

笔记区

▶ 16. 借款人借款从事违法犯罪活动,民间借贷合同会无效吗?

案例

2021年10月4日,刘某向李某借款2000元去打牌,当日偿还李某。2021年10月8日和10日,刘某称近日"手气不佳,手头有点紧张",再次向李某借款2000元和3000元。此后,刘某一直未偿还借款。李某诉至人民法院,要求刘某还款。刘某称,其为李某购买部分生活用品,相关费用应予扣除,愿意还款4000元。李某的诉讼请求会得到人民法院的支持吗?

法律分析

民间借贷的理由和情形繁多。从民事角度而言,能否起诉获得人民法院的支持,还需要判断借贷合同关系的有效性。

在本案中,刘某和李某的借款是现金交付的且没有书面合同,这在证明借款关系的存在中面临较大风险。好在借款人刘某认可了借款,借款关系的存在未成为本案的争议焦点。但李某的诉讼请求要想获得人民法院的支持,还需要考察借款合同的有效性。《中华人民共和国民法典》

笔记区

中明确,违反法律、行政法规的强制性规定的民事法律行为无效;违背公序良俗的民事法律行为无效。在民间借贷中,借款人可能利用借款从事违法犯罪活动,如果出借人在提供借款时知道借款人的此种借款用途,则订立的民间借贷合同无效。

知识链接

《中华人民共和国民法典》第一百五十三条第二款 违背公序良俗的民事法律行为无效。

最高人民法院《关于审理民间借贷案件适用法律若干问题的规定》第十三条第四项 具有下列情形之一的,人民法院应当认定民间借贷合同无效:

(四)出借人事先知道或者应当知道借款人借款用于违法犯罪活动仍然提供借款的;

纠纷解决技巧

订立民间借贷合同前,出借人有必要对借款人的情况进行调查和了解。了解的内容不仅包括借款人的还款能力、资信状况、担保财产情况或担保人的状况,也包括借款用途等,以保障贷款安全。

熟人之间的民间借贷,出借人对借款人的财务状况、资信状况比较了解。出借人基于信任可能不具体了解借款用途,这种做法有一定的隐患:如果借款人将借款用于

笔记区

违法犯罪活动,并且主张出借人提供借款时知道或者应当知道其借款用途,则该借款可能无法通过起诉要求借款人返还。

因此,订立借款合同时,应当明确借款用途。如果发现借款可能被用于诸如赌博等违法犯罪活动的情况,出借人应当提高警惕,果断拒绝借款。

试题

出借人知道借款人拟借入资金从事下列活动,仍然借予资金,民间借贷合同有效的是(　　)。[①]

A. 赌博

B. 传销活动

C. 购买采矿权

D. 购买虚拟货币

---

① 答案:C。

笔记区

17. 借款后再转贷给他人的民间借贷合同是否有效？

案例

2021年1月3日，张某因资金周转需要向王某借款。王某以自己的货车作为抵押向某融资租赁公司借款后，将资金借给张某。2021年1月18日，张某向王某出具借条载明：自2021年2月1日至2021年12月31日未偿还贷款为18.4833万元，每月偿还1.5803万元，按3%月息自2021年2月1日起开始计算。事后，张某未按约定向王某还款，王某自己偿还了贷款的本金和利息。因此，王某起诉张某，请求按照借条约定偿还借款本金和利息。王某的诉讼请求是否能得到人民法院的支持？

法律分析

在本案中，王某借贷给张某的资金，系其以货车抵押贷款方式从某融资租赁公司借得的，这就可能涉及违法转贷致使借款合同无效的情形。有必要说明以下内容：

第一，当前法律和司法解释允许的有效民间借贷，应当是出借人以自有资金从事的民间借贷活动。从他人借得资金再次转贷，一方面容易形成清理困难的“三角债”；

笔记区

另一方面也增加了资金周转环节和成本,不利于整体经济的发展和金融秩序稳定。当然,由于自然人之间的借款相对灵活,在实践中查证资金流向较困难,目前并无相关规定明确从自然人处借得资金用于转贷的行为无效。

第二,本案转贷的资金是从某融资租赁公司抵押贷款所得的,这就需要查明该融资租赁公司是否为金融机构。如果该融资租赁公司属于金融机构,应以"套取金融机构贷款转贷"的情形确认王某与张某的借款合同无效。如果该融资租赁公司不属于金融机构,应以"以向其他营利法人借贷取得的资金转贷"的情形确认王某与张某的借款合同无效。

第三,认定王某与张某的借款合同无效,张某应当返还因无效合同而取得的财产,即借款本金。王某主张返还利息的请求,因合同无效而无法获得支持。但王某需要按照其与融资租赁公司的借款合同约定,偿还借款本金和利息。

知识链接

最高人民法院《关于审理民间借贷案件适用法律若干问题的规定》第十三条第一项、第二项 具有下列情形之一的,人民法院应当认定民间借贷合同无效:

(一)套取金融机构贷款转贷的;

(二)以向其他营利法人借贷、向本单位职工集资,或者以向公众非法吸收存款等方式取得的资金转贷的;

笔记区

纠纷解决技巧

从出借人维护自身权利的角度考虑，应当确保出借资金系其自有资金。部分出借人可能有特定渠道能获得低成本的借贷资金，寄希望于通过转借牟取利息差，将会面临转借合同无效、借息不予支持的不利后果。从借款人的角度考虑，出借人以非自有资金转借，很可能需负担更高的借贷成本。因此，面对转借需慎重考虑。

如果借款人借得他人转借所得资金，并被要求承担较不合理的高利息，借款人既可以主张按照民间借贷利率上限内的合理利率计算利息，也可以主张转贷合同无效而不支付利息。

试题

出借人以下列方式取得的资金转贷，人民法院不会认定民间借贷合同无效的情形是（　　）。①

A. 向其他自然人处借得资金

B. 向其他营利法人借贷取得资金

C. 向本单位职工集资取得资金

D. 向公众非法吸收存款方式取得资金

---

① 答案：A。

笔记区

▶ 18. 法定代表人借的钱能让企业来还吗?

案例

朱某的妻子于某是某食用菌公司的职工,刘某是食用菌公司的法定代表人,朱某与刘某系朋友关系。2018 年 6 月,刘某因食用菌公司资金紧张向朱某借款 20 万元;7 月,为发工人工资,刘某再次向朱某借款 8 万元;12 月 12 日,刘某向朱某出具借条载明:"刘某向朱某借款 28 万元整,用于食用菌公司的经营。借款利息 2 分,借期 6 个月。"该借条上由食用菌公司盖章,刘某签字。事后,朱某未按期收回借款,起诉至人民法院,要求刘某及食用菌公司清偿借款。刘某认为其是法定代表人,借款是其为履行公司职务所为的,应由公司承担清偿责任。在本案中,刘某是否应当承担清偿借款的责任?

法律分析

公司法人是法律拟制的人,其行为需要由自然人代表或者代理从事。《中华人民共和国民法典》和《中华人民共和国公司法》中规定了法定代表人制度,其代表公司的行为由法人承受相应的法律后果。

但在实践中,法定代表人向他人借款,表现为不同形

笔记区

式:法定代表人以公司名义借款,所借款项用于公司经营或由其个人使用;法定代表人以自己名义借款,所借款项用于公司经营或由其个人使用。

在各种情形中判断谁是还款义务人,应遵循“名实相符”的判断标准。首先,法定代表人以个人名义借款,所借资金供个人使用,由法定代表人偿还借款;法定代表人以公司名义借款,所借资金供经营使用,由公司偿还借款。其次,法定代表人以公司名义借款,如有证据证明所借款项由法定代表人个人使用,出借人可以将公司和法定代表人列为共同被告,或者列法定代表人为第三人。最后,法定代表人以个人名义借款,所借款项用于公司的生产经营,出借人可以请求公司与法定代表人共同承担责任。

在本案中,朱某知道刘某是食用菌公司的法定代表人,且借条上明确所借款项用于公司经营发展和发放工资,最后由食用菌公司盖章和刘某签字。尽管借条上并未写明刘某是法定代表人,但其为公司经营借款的事项,朱某应当是知晓的。因此,刘某作为法定代表人出具借条,是履行法定代表人职务的行为,所借款项应当由食用菌公司偿还。

知识链接

《中华人民共和国民法典》第六十一条 依照法律或

笔记区

者法人章程的规定,代表法人从事民事活动的负责人,为法人的法定代表人。

法定代表人以法人名义从事的民事活动,其法律后果由法人承受。

法人章程或者法人权力机构对法定代表人代表权的限制,不得对抗善意相对人。

最高人民法院《关于审理民间借贷案件适用法律若干问题的规定》第二十二条 法人的法定代表人或者非法人组织的负责人以单位名义与出借人签订民间借贷合同,有证据证明所借款项系法定代表人或者负责人个人使用,出借人请求将法定代表人或者负责人列为共同被告或者第三人的,人民法院应予准许。

法人的法定代表人或者非法人组织的负责人以个人名义与出借人订立民间借贷合同,所借款项用于单位生产经营,出借人请求单位与个人共同承担责任的,人民法院应予支持。

纠纷解决技巧

合同具有相对性,合同义务原则上拘束签订合同的双方主体。因此,在签订借款合同时,务必明确出借人和借款人。特别是在出现公司、合伙等单位时,明确借款人是单位还是个人尤为必要。因为不同的借款人的财务和资

笔记区

信情况不同,将直接影响出借人的债权实现。

法定代表人代表公司借款,应当由公司承担还款义务。出借人如需法定代表人对此借款负责,应当将法定代表人列为连带的共同借款人,或者作为连带责任保证人,并在借款合同或者借条上明确其身份。当然,为保障出借人的债权,还可以由借款人提供财产担保或者其他保证人担保。

试题

法定代表人以公司名义签订借款合同,所借资金用于公司经营的,借款的偿还义务人是(　　)。[1]

A. 法定代表人

B. 公司

C. 公司和法定代表人

D. 公司或法定代表人

---

① 答案:B。

笔记区

19. 借款人因非法集资被逮捕,出借人能直接起诉保证人要求还款吗?

案例

2020年8月,张某与袁某签订借款合同,借款50万元,借期30天。签订合同当天,陈某向张某出具担保函,为袁某的借款提供连带责任保证担保。上述借款合同和担保函签订之后,张某向袁某的银行账户转账50万元。借款到期后,袁某未按期还款;后张某发现袁某因涉嫌非法集资犯罪而已被公安机关立案侦查。

为及时讨回借款,张某向人民法院起诉陈某,要求其承担保证责任并履行偿还本息义务。陈某主张,本案借款人袁某涉嫌非法集资犯罪,借款合同需要首先通过刑事案件审判结果确认效力,然后才能判定保证合同是否有效。因此,目前其不应当作为被告被要求承担担保责任。在本案中,张某能直接起诉陈某要求承担担保责任吗?

法律分析

在实践中,民间借贷案件可能因涉嫌非法集资类刑事案件,借款人被采取拘留、逮捕等刑事强制措施。借款到期时,出借人应了解人民法院处理此类案件的不同情形:

笔记区

如果借款本身涉嫌非法集资等犯罪,人民法院需将非法集资等犯罪的线索、材料移送公安或检察机关,而如果是民间借贷案件则驳回起诉;如果民间借贷虽与非法集资有关联但不属于非法集资活动,则应继续审理民间借贷案件。

无论上述何种情形,如果民间借贷有他人提供担保,出借人请求担保人承担担保责任,人民法院应当受理并审理该案件。

因此,在本案中,虽然袁某因涉嫌非法集资犯罪被公安机关立案侦查,但借款还有陈某提供连带责任保证担保,所以比较稳妥的方式是起诉陈某承担担保责任。

知识链接

最高人民法院《关于审理民间借贷案件适用法律若干问题的规定》

第六条 人民法院立案后,发现与民间借贷纠纷案件虽有关联但不是同一事实的涉嫌非法集资等犯罪的线索、材料的,人民法院应当继续审理民间借贷纠纷案件,并将涉嫌非法集资等犯罪的线索、材料移送公安或者检察机关。

第七条 民间借贷纠纷的基本案件事实必须以刑事案件的审理结果为依据,而该刑事案件尚未审结的,人民法院应当裁定中止诉讼。

第八条 借款人涉嫌犯罪或者生效判决认定其有罪，出借人起诉请求担保人承担民事责任的，人民法院应予受理。

笔记区

纠纷解决技巧

民间借贷中的出借人通常缺乏金融机构那样的风险控制和贷后管理能力，未能准确评估借款人的资信、了解资金用途就出借款项。这就埋下了出借款不能按约收回的隐患。如果借款人涉及非法集资或利用借款从事其他违法犯罪活动，则借款合同无效，并将损害出借人的利益。为此，在签订借款合同、交付借款之前，出借人应当注意以下几点：

第一，切莫因借款人提供高息利益，就直接提供借款，而应当全面了解借款人的还款能力、资信状况以及借款用途等事项，避免自身陷入高息吸收资金的非法集资的常见“套路”当中。出借人更不能主动参与到非法集资活动当中，否则不仅借款无法得到法律的保障，而且将面临行政处罚甚至被追究刑事责任。

第二，为保障自身利益，应当要求借款人提供担保。担保既可以是债务人的财产抵押、质押，也可以是债务人以外的第三人的保证、抵押或质押。在接受债务人财产担保时，应当查清担保财产上是否存在其他担保，并按法律

笔记区

要求进行担保登记。在接受第三人提供的担保时,还需查清第三人的财务及资信情况,判断其是否有清偿担保借款的能力。

采用保证担保方式的,应当在借款合同或担保合同中明确担保方式,应尽量采用连带责任保证担保的方式。采用多个第三人共同以保证、抵押、质押方式担保的,应当在借款合同或者担保合同中明确多个第三人都承担连带担保责任。如此,能较稳妥地保障出借人的利益。

试题

在民间借贷关系中,有第三人提供连带责任保证担保,借款到期后,借款人因涉嫌犯罪被采取刑事强制措施,出借人维权的最佳选择是(　　)。①

A. 起诉借款人

B. 要求第三人承担保证责任

C. 连带起诉借款人和保证人

D. 等待借款人解除刑事强制措施后再起诉

---

① 答案:B。

笔记区

▶ 20. 因不可抗力影响不能按期还款，出现征信不良记录怎么办？

案例

张某在某银行办理贷款，约定还款日期为每月2日。2021年8月1日上午，张某操作手机银行时，因连续输错3次密码导致银行卡被锁定；当日下午，张某3次致电该银行客服电话均未接通。2021年8月2日，张某打通客服电话，客服回复该业务必须去银行柜台办理解锁。但当日受台风影响，某银行预先通知各网点暂停营业；同时，受天气、交通因素的影响，张某无法外出办理银行卡解锁，导致其征信出现违约记录。张某认为，其因台风影响未按时办理还款相关手续，银行不应认定其行为违约，也不应影响其征信记录。张某的主张能得到支持吗？

法律分析

在合同履行中，可能受某些意外因素影响而发生违约，此时能否免责需按照《中华人民共和国民法典》及相关规定予以判断。

按照《中华人民共和国民法典》的规定，因不可抗力不能履行民事义务的，不承担民事责任。若要引用不可抗力

笔记区

条款免责,需要注意以下几点:第一,应当证明发生的情况属于不可抗力,即“不能预见、不能避免且不能克服的客观情况”;第二,因不可抗力不能履行合同,应当及时通知对方,以减轻可能造成的损失,并在合理期限内提供证明。

在本案中,张某无法按期还款,是因为银行要求银行卡密码解锁需要到银行柜台办理,但因台风的影响,银行网点暂停营业,且客观上也因天气、交通情况原因无法前往银行网点办理。在此种情况下,张某未能按期还款是受到了不可抗力因素的影响,不应由其承担违约责任,也不应因此影响其征信记录。

知识链接

《中华人民共和国民法典》

第一百八十条 因不可抗力不能履行民事义务的,不承担民事责任。法律另有规定的,依照其规定。

不可抗力是不能预见、不能避免且不能克服的客观情况。

第五百九十条 当事人一方因不可抗力不能履行合同的,根据不可抗力的影响,部分或者全部免除责任,但是法律另有规定的除外。因不可抗力不能履行合同的,应当及时通知对方,以减轻可能给对方造成的损失,并应当在合理期限内提供证明。当事人迟延履行后发生不可抗力的，不免除其违约责任。

笔记区

纠纷解决技巧

合同履行中遇到客观障碍，应首先与债权人协商处理，而诉诸不可抗力条款寻求免除违约责任不应作为首选的处理方式。因为不可抗力的构成要件较严格，合同履行的客观障碍不一定都能构成不可抗力。

在实践中，处理因不可抗力影响的银行卡还款纠纷，还需注意以下几点：第一，应当收集、保存、提供发生不可抗力的证据。不可抗力应当是客观发生的，而不是主观想象的。有些不可抗力如地震、极端天气事件，因有相关部门的记录而相对容易证明，但也有些不可抗力如小型龙卷风等局部地区极端天气事件，则需要当事人提供证据证明不可抗力的存在。第二，如因不可抗力无法按期还款，借款人应当与银行及时沟通，协商是否可以采取其他替代方式还款。这既是因不可抗力而影响合同履行时，当事人负有及时通知、告知对方的法律义务，也是提供必要信息以减少可能给对方造成损失的义务要求。因此，不可抗力影响合同履行时，当事人还需要积极履行相关义务，包括及时通知对方、避免损失扩大、提供不可抗力证明等。

笔记区

试题

下列各项中，不属于《中华人民共和国民法典》规定的不可抗力的特征的是（　　）。[1]

A. 不能预见　　B. 不能避免

C. 不能克服　　D. 不能发现

① 答案：D。

笔记区

▶ 21. 能采用扣车、占房等手段催债务人还债吗?

案例

2016 年 8 月,龙某向某银行贷款,用于购买家用轿车。信用卡购车专项分期付款合同约定,贷款金额为 9 万元,分 36 个月还款,首月偿还 11,887 元,剩余部分每月偿还 2500 元。2016 年 9 月,龙某与银行签订信用卡购车透支抵押合同,以所购车辆向银行提供抵押担保,并办理了抵押登记。2017 年 7 月起,龙某未再向银行偿还借款。2018 年 11 月,抵押车辆被扣在该银行地下车库,一直存放至今。

龙某称,涉案车辆被银行扣留近 3 年,一直没有人告知如何处理,因此向人民法院起诉,要求银行赔偿其损失,包括长期扣押车辆贬值的损失,以及支付因每天接送小孩上学的交通费、经营收入损失。债权人如何合法催收债务人还款?在本案中,龙某的请求会得到人民法院的支持吗?

法律分析

借款人不按约还款,特别是经过催告后仍不还款的,出借人可能采取扣车、占房等方式促使借款人还款。此种做法是否合理,应当区分不同情形:

对借款人财产享有诸如抵押权的出借人,可以依法行

笔记区

使权利。出借人作为抵押权人，可以选择与作为抵押人的借款人协商以抵押财产折价或者以拍卖、变卖抵押财产所得价款用于清偿借款，也可以请求人民法院拍卖、变卖抵押财产。当然，债权人也应依法行使抵押权。本案中的车辆虽被用于抵押担保龙某的债权，但银行并未将该车辆折价冲抵欠债，或以拍卖、变卖的价金优先清偿借款，而是一直将车辆停放在车库。这种做法并不是行使抵押权的表现，由此导致抵押财产贬值的损失，应当由银行承担。

本案可能涉及留置权的合法形式问题。《中华人民共和国民法典》规定，对债权人行使留置权的条件是：债务人不履行到期债务；债权人合法占有债务人的动产；留置动产与债权属于同一法律关系。因龙某与银行就车辆留置的过程说法并不一致，银行应当证明其合法占有该车辆的过程，否则不能符合“合法占有债务人动产”的留置权形式要件。此外，即使车辆留置权能够成立，银行也应当及时处置车辆以实现债权，而不能将车辆长期停放车库而导致其贬值。

知识链接

《中华人民共和国民法典》

第四百一十条　债务人不履行到期债务或者发生当事人约定的实现抵押权的情形，抵押权人可以与抵押人协议以抵押财产折价或者以拍卖、变卖该抵押财产所得的价

笔记区

款优先受偿。协议损害其他债权人利益的,其他债权人可以请求人民法院撤销该协议。

抵押权人与抵押人未就抵押权实现方式达成协议的,抵押权人可以请求人民法院拍卖、变卖抵押财产。

抵押财产折价或者变卖的,应当参照市场价格。

第四百四十七条 债务人不履行到期债务,债权人可以留置已经合法占有的债务人的动产,并有权就该动产优先受偿。

前款规定的债权人为留置权人,占有的动产为留置财产。

第一千一百八十四条 侵害他人财产的,财产损失按照损失发生时的市场价格或者其他合理方式计算。

纠纷解决技巧

"法律明白人"可对债权人应如何实现其债权进行宣传。债权人应依法实现其债权,在催债过程中应特别注意扣押财产等行为的合法性问题。

第一,债权人享有质权、留置权等担保物权,可依法占有担保财产,但占有期间应妥善保管担保财产;债务人不履行到期债务,债权人可以将抵押、质押、留置的财产折价、拍卖、变卖,此时债权人会占有担保财产,但应当将该财产及时处置以抵偿到期债权。

第二,债务人担保财产以外的其他财产,债权人不享

笔记区

有合法权利的，债权人不得仅凭欠款事实而强行扣押。否则，债权人可能构成侵权，并可能面临民事赔偿、行政处罚，严重的将被追究寻衅滋事罪的刑事责任。

第三，如果催收高利放贷产生的非法债务，或者是因为赌博、吸毒等产生的非法债务，则可能构成催收非法债务犯罪行为。

总之，作为债权人，催收债务应当有度，并尽可能通过人民调解、仲裁或者诉讼等法律渠道维护权利。切勿通过暴力、威胁、跟踪骚扰等方式催收债务，避免在私自索债中发生违法行为。而作为债务人，面对债权人或其委派的人的催收行为，如果认为催收行为违法，应当及时报警并保留必要证据，包括遭遇不法催收的照片、影音资料、电话或聊天记录等，以切实维护自身权益。

试题

下列各项中不属于行使留置权的条件的是（　　）。[①]

A. 债务人不履行到期债务

B. 债权人已占有债务人的动产

C. 债权人合法地占有债务人动产

D. 被留置的动产属于债务人所有

① 答案：D。

笔记区

▶ 22. 银行销售其他金融机构发行的理财产品,银行承担法律责任吗?

案例

2015 年 11 月,某农村商业银行支行工作人员马某向客户刘某推荐某金融服务公司发行的一款 18 个月开放债券,并提供 1 份《某商业银行基金/集合资产管理计划业务申请单(个人)》。该业务申请单正面记载的主要内容为:投资者姓名刘某;产品名称、产品代码;购买金额 34 万元;下方为刘某签名,某农村商业银行支行加盖业务讫印章。该业务申请单第二联(刘某所持联),马某记载到期保底本息 37.06 万元;但该业务申请单第一联(销售网点留存联)中,并无马某的记载。2017 年 5 月,刘某回赎该基金产品,金额为 35 万元。刘某认为,该回赎金额与业务申请单上记载的保底本息额相差 2.06 万元,遂起诉某农村商业银行支行,请求确认双方合同无效并要求赔偿损失。

法律分析

在本案中,刘某提出确认合同无效和赔偿损失两个诉讼请求,但涉及 3 个关键争议:

第一,刘某与某农村商业银行支行签订合同的性质及效力。在本案中，开放债券发行方是某金融服务公司，某农村商业银行支行是该金融产品的受托销售方，该业务申请单仅表明刘某向某农村商业银行申请购买该开放债券。因此，刘某与某农村商业银行支行的关系是金融产品销售服务关系。按照《全国法院民商事审判工作会议纪要》的相关规定，刚性兑付条款无效。

第二，马某的行为是否为职务行为。某农村商业银行支行留存的业务申请单上并无到期保底本息的记载，而刘某持有的业务申请单上有马某的保底记载。合理的推测是，马某知晓销售该类开放债券不得承诺保底，因此提交某农村商业银行支行的业务申请单上并没有相关记载；但为吸引顾客，马某在销售时作出过保底承诺，并在客户持有的业务申请单上予以记载。马某是某农村商业银行的工作人员，其为客户办理理财业务时的行为属于履行职务行为，造成刘某的损失应由某农村商业银行支行承担赔偿责任。

第三，赔偿损失如何确定。合同无效，各方应返还因合同取得的财产，并按照各自的过错承担相应的缔约过失责任。在本案中，马某是某农村商业银行支行的工作人员，违反相关基金销售管理规定作出保底承诺，对金融商品购买人刘某进行诱导或欺诈；又因马某的上述行为系履行职务行为，因此应当由某农村商业银行支行承担主要责任。同时，刘某作为完全民事行为能力人，在进行大额且具有较大风险的开放债券购买时，应当充分了解产品信息、谨慎注意可能发生的风险，但刘某仅听信销售人员的劝诱便购买产品，也对损失的发生有一定的责任。最终，人民法院按照8∶2的比例判定某农村商业银行支行和刘某各自承担该部分损失。

知识链接

《中华人民共和国民法典》第一百五十七条 民事法律行为无效、被撤销或者确定不发生效力后，行为人因该行为取得的财产，应当予以返还；不能返还或者没有必要返还的，应当折价补偿。有过错的一方应当赔偿对方由此所受到的损失；各方都有过错的，应当各自承担相应的责任。法律另有规定的，依照其规定。

《中华人民共和国证券投资基金法》第二十条第四项 公开募集基金的基金管理人及其董事、监事、高级管理人员和其他从业人员不得有下列行为：

（四）向基金份额持有人违规承诺收益或者承担损失；

中国人民银行、中国银行保险监督管理委员会、中国证券监督管理委员会等四部门《关于规范金融机构资产管理业务的指导意见》 二、资产管理业务是金融机构的表外业务，金融机构开展资产管理业务时不得承诺保本保

笔记区

收益……

《全国法院民商事审判工作会议纪要》 92.【保底或者刚兑条款无效】信托公司、商业银行等金融机构作为资产管理产品的受托人与受益人订立的含有保证本息固定回报、保证本金不受损失等保底或者刚兑条款的合同，人民法院应当认定该条款无效。受益人请求受托人对其损失承担与其过错相适应的赔偿责任的，人民法院依法予以支持。

实践中，保底或者刚兑条款通常不在资产管理产品合同中明确约定，而是以“抽屉协议”或者其他方式约定，不管形式如何，均应认定无效。

纠纷解决技巧

2018年中国人民银行、中国银行保险监督管理委员会、中国证券监督管理委员会等四部门《关于规范金融机构资产管理业务的指导意见》明确禁止资产管理产品承诺保本保收益，即禁止刚性兑付。尽管该指导意见按照“新老划断”原则设置过渡期，但过渡期至2020年年底；过渡期结束后，金融机构不得再发行或存续违反该指导意见规定的资产管理产品。“法律明白人”在普法宣传中可提醒村民作为金融消费者时应注意：第一，当前购买金融机构发行的资产管理产品，是不能保本保收益的；任何宣传“保

笔记区

本保收益"的金融机构资产管理产品,都存在虚假或欺诈的情形。第二,在购买非银行存款类的产品包括资产管理产品时,金融消费者务必了解金融产品的发行人,以及银行在该金融产品销售中承担的角色是产品发行人还是受托销售机构,以便更好地保护自身权益。

同时,金融消费者应在确定购买前索取销售合同、产品说明书等重要的法律文件,认真阅读、重点了解募集信息、资金投向、杠杆水平、收益分配、托管安排、投资账户信息和主要投资风险等内容;如果不理解其中相关信息,可以请产品销售人员进行解释说明。

在上述金融产品销售过程中,按照《商业银行理财业务监督管理办法》等法律法规的要求,应当对每款理财产品的销售过程进行录音、录像。因此,金融消费者应当如实反映销售过程中的疑问,不轻易受销售人员的误导。

试题

金融机构在销售基金产品或资管产品的过程中,向购买者作出的保本保收益承诺,该承诺的法律效力是(　　)。[①]

A. 有效　　B. 无效

C. 可撤销　　D. 效力待定

① 答案:B。

笔记区

▶ 23. 存款被银行工作人员私下转走，银行会承担责任吗？

案例

李某经熟人介绍认识某农村商业银行支行的个人金融业务部总经理梁某。2018年年末，梁某告诉李某，年底时某些企业需要小额贷款资金，其有渠道，除能获得银行正常利息外，每个月还有额外贴息。李某遂通过梁某介绍，到该农村商业银行支行办理期限为3个月的大额存款业务。存款到期后，李某凭存单取款，被告知该存单是假的，存单资金已被取走。李某报案后，公安机关发现梁某存在重大嫌疑。

原来，梁某与李某约定大额存款事项后，预先准备好伪造的大额存单。在办理业务时，除正常银行流程外，梁某要求或引导大额存款客户按照其指示办理：第一，将大额存单密码设置为企业方指定的密码；第二，存单必须在其和企业方、客户方在场的情况下用信封封存，三方在信封口处签字；第三，存款到期后，必须在三方见证下打开封存信封，企业方陪同取款；第四，存单封存后，客户将身份证交给其或企业方代表去核实客户身份。存款客户出于对梁某的信任，在其指示下交出了身份证、告知了存单密

笔记区

码，而真的存单在塞入信封前已经被调包；梁某遂利用存单、身份证和密码，并凭借其在该农村商业银行支行个人金融业务部总经理的身份，支取了存单资金。通过上述方式，先后有28位储户受害，涉案资金超过2.5亿元。梁某及其同案犯都被追究了刑事责任。在本案中，储户的损失究竟由谁来负责？

法律分析

首先，需判断梁某的行为是否属于职务行为，或者构成表见代表。在本案中，基于梁某作为农村商业银行支行个人金融业务部总经理、在该支行营业场所办理业务、办理大额存款业务属于农村商业银行支行正常业务等，使储户有理由相信梁某是作为银行工作人员而从事履行职责的行为。

其次，该农村商业银行支行是否需要承担赔偿责任，还与其过错有关。在本案中，尽管梁某精心策划了犯罪行为，但如果该农村商业银行支行严格遵循内控管理规定，包括客户身份识别、客户信息保密、员工行为排查、异常资金支付业务排查等方面的具体规定，犯罪行为成功实施的可能性不大。因此，该农村商业银行支行未能履行内控管理规定，造成存款人合法权益受到损害，应当承担赔偿责任。

笔记区

最后，本案储户也存在一定的过错，如单纯相信梁某的身份和熟人关系，对其异常要求未加以警觉，包括按照梁某的要求设置密码、提供身份证等。因此，储户也应当承担部分损失。

知识链接

《中华人民共和国民法典》第一百七十条 执行法人或者非法人组织工作任务的人员，就其职权范围内的事项，以法人或者非法人组织的名义实施的民事法律行为，对法人或者非法人组织发生效力。

法人或者非法人组织对执行其工作任务的人员职权范围的限制，不得对抗善意相对人。

《中华人民共和国商业银行法》

第六条 商业银行应当保障存款人的合法权益不受任何单位和个人的侵犯。

第五十九条 商业银行应当按照有关规定，制定本行的业务规则，建立、健全本行的风险管理和内部控制制度。

原中国银行业监督管理委员会办公厅《关于进一步加强银行业务和员工行为管理的通知》 二、强化银行员工行为管理

（一）商业银行应建立健全覆盖各类员工的全员管理制度，将银行员工不得参与民间借贷、不得充当资金掮客、

不得经商办企业、不得在工商企业兼职作为内部管理制度的重要内容……

（三）商业银行可探索建立员工账户监测系统,按照与员工之间的协议,对本行员工账户的异常交易进行监测。对于存在与客户进行资金往来、账户交易频繁或转账金额较大等异常情况的,要深入了解交易背景……

纠纷解决技巧

“法律明白人”在普法宣传中可提醒村民在金融机构办理相关业务时,应当注意:第一,辨明是否属于正规金融机构。我国各类金融机构的设立、变更,都有严格的金融监管规定。简单的办法是在中国银行保险监督管理委员会和中国证券监督管理委员会网站上查询金融机构的相关信息并加以核实。第二,辨明是否为金融机构的工作人员。在实践中,银行网点中身着“制服”的人员有可能是银行的正式员工,也可能是保安、保洁人员,还有可能是保险公司、证券公司等其他金融机构的驻点人员。因此,在办理业务时,应当问明对方人员的身份,通过查看其佩戴的工牌等方式核实其身份。第三,对工作人员的异常行为保持必要警觉。如在本案中,要求储户按企业方指示设定密码、取得存单后封存信封而只能在取款时再次开拆等,有违常理。客户可以通过拨打银行客服电话等方式咨询具

笔记区

体业务办理流程,判断业务办理中的可疑行为及其风险。第四,重视个人信息保护。在现场业务办理中,各类单证、身份证及密码等是办理业务的重要信息;在网络业务办理中,包括手机号、身份证、银行卡及密码、网盾等信息,以及刷脸等识别信息,是办理业务所需重要信息,客户应当形成个人信息保护意识,切忌轻易将此类信息告知他人,以避免遭遇各类骗局。

试题

下列各类人员中,有权代表银行与客户办理金融业务的是(　　)。[1]

A. 银行柜员　　B. 银行保洁

C. 银行保安　　D. 其他金融机构驻点人员

---

① 答案:A。

笔记区

▶ 24. 金融机构及储户都未尽资金安全注意义务，如何承担责任？

案例

王某是某农村商业银行的员工。丁某是王某的亲戚，在该农村商业银行有两笔大额存款。2019 年，丁某发现其大额存款被人转出。事后警方查明，王某曾以为完成银行任务以及帮助丁某领取礼品等理由，骗取丁某的身份证和存单，将大额存款从丁某名下转至自己或家人的名下。

现王某被判处无期徒刑，丁某起诉要求该农村商业银行赔偿其存款损失。案件审理时查明，丁某的大额存单并未设置密码，因此丁某将存单和身份证交给王某，客观上形成了王某转移资金的风险。同时，对未设密码的大额存单，该农村商业银行应更加谨慎地履行通知、告知储户的义务，履行反洗钱及核查交易真实性等义务；而该农村商业银行未尽足够的管理职责，也未尽到注意资金安全的义务，应当承担部分责任。最终，法院一审判决，丁某承担损失的 80%，该农村商业银行承担损失的 20%。

法律分析

按照《中华人民共和国民法典》的规定，合同当事人应当

笔记区

遵循诚信原则，履行通知、告知等附随义务，银行等经营者应当承担安全保障义务。同时，金融监管机关基于金融消费者保护及反洗钱等目标，要求商业银行开展业务时应当遵守监管规则。

在本案中，部分是基于对王某的信任，部分是受到了王某的欺骗，丁某将身份证和存单交给王某，是造成大额存单被转走的主要原因。但该农村商业银行的操作过程也未遵循监管规则及审慎操作的要求，具体表现为：对未设置密码的存单，银行本应更谨慎，但银行工作人员未通过电话或短信通知丁某并加以验证；丁某存单的存取时间间隔很短，王某在办理业务时有写错预留电话、将汇款人姓名误填为其父亲等情况，银行工作人员未注意资金交易真实性等方面的风险。因此，该农村商业银行未能尽到对储户财产的安全保障义务，应当承担相应的责任。

需要说明的是，丁某损失是由王某直接造成的，该农村商业银行未尽到安全保障义务，应当在王某不能赔偿的范围内，根据该农村商业银行的过错确定其赔偿范围，这种法律责任形式是补充责任。此外，该农村商业银行承担补充赔偿责任之后，有权向王某追偿。

知识链接

《中华人民共和国民法典》

第五百零九条第二款 当事人应当遵循诚信原则，根据合同的性质、目的和交易习惯履行通知、协助、保密等义务。

第一千一百九十八条 宾馆、商场、银行、车站、机场、体育场馆、娱乐场所等经营场所、公共场所的经营者、管理者或者群众性活动的组织者，未尽到安全保障义务，造成他人损害的，应当承担侵权责任。

因第三人的行为造成他人损害的，由第三人承担侵权责任；经营者、管理者或者组织者未尽到安全保障义务的，承担相应的补充责任。经营者、管理者或者组织者承担补充责任后，可以向第三人追偿。

《中华人民共和国商业银行法》第六条 商业银行应当保障存款人的合法权益不受任何单位和个人的侵犯。

《中国人民银行金融消费者权益保护实施办法》第十三条 银行、支付机构应当依法保障金融消费者在购买、使用金融产品和服务时的财产安全，不得挪用、非法占用金融消费者资金及其他金融资产。

国务院办公厅《关于加强金融消费者权益保护工作的指导意见》 三、规范金融机构行为

……

（三）保障金融消费者财产安全权。金融机构应当依法保障金融消费者在购买金融产品和接受金融服务过程中的财产安全。金融机构应当审慎经营，采取严格的内控措施和科学的技术监控手段，严格区分机构自身资产与客户资产，不得挪用、占用客户资金。

笔记区

……

纠纷解决技巧

不少金融诈骗行为发生在亲朋、同学等熟人之间，不法分子假借代办业务等名义，索要银行存单、银行卡、身份证等，是实施违法犯罪活动的基本条件。因此，金融消费者应当妥善保管重要的证件及单证，注意防范重要金融信息泄露。此外，老年人对网络银行、手机银行等自行操作业务并不熟悉，建议到正规银行等金融机构网点当面办理重要业务，避免操作失误或遭遇诈骗。

此外，重要金融交易应设置密码并妥善保管；在金融机构留存能正常联系的电话，以便对交易进行核实；有条件的尽量开通资金变动的短信提醒等业务，及时了解账户的变动情况，以减少风险发生的可能。

试题

李某非法冒领王某在商业银行的存款，商业银行在办理上述业务中存在审核不严、违规操作等过错情形。对王某的损失，商业银行应当承担的赔偿责任是（　　）。①

A. 连带责任　　B. 补充责任

C. 按份责任　　D. 不承担责任

---

① 答案：B。

笔记区

▶ 25. 客户执意购买不适当的金融产品，金融机构需要承担责任吗？

案例

2010年4月，胡某购买甲基金公司的基金产品，到期后赎回。2011年3月，胡某欲在乙商业银行某支行再次购买甲基金公司的后续同类产品，遂签订资产管理合同，约定：胡某为资产委托方，基金公司为资产管理人，乙商业银行为资产托管人；投资范围为主要投资于国内证券交易所A股、股指期货、基金、债权、权证以及法律法规或者监管机构允许投资的其他金融工具。合同文本后附《股指期货交易风险提示函》，胡某签名。合同签订后，胡某通过乙商业银行某支行认购100万元基金产品，并在《乙商业银行开放式基金交易凭条（个人）》上签字，凭条上记载“本人充分知晓投资开放式基金的风险，自愿办理乙银行代理的基金业务，自担投资风险”的字样。

同时，胡某还在乙商业银行支行进行了客户风险评估，评估结果为：胡某的风险承受能力评级及适合购买的产品为稳健型投资者。胡某提交的《乙商业银行个人理财产品业务交易信息确认表》显示，其认购前述基金产品；该确认表客户投资意愿确认栏中记载：“乙商业银行：根据贵

笔记区

行为本人进行的《个人客户风险评估问卷》的结果显示，本人不适宜购买本产品。但本人认为，本人已经充分了解并清楚知晓本产品的风险，愿意承担相关风险，并有足够的风险承受能力和投资分辨能力购买该产品。现特别声明此次投资的决定和实施是本人自愿选择的，其投资结果引致风险由本人自行承担。”胡某在下方签字。

基金产品到期后，胡某收到扣除投资损失后的剩余资金近82万元。胡某主张，乙商业银行某支行未进行风险提示，向其推荐销售不适当的金融产品，因此要求赔偿亏损18万余元。胡某的诉讼请求能得到人民法院的支持吗？

法律分析

一审法院认为，胡某已经签署风险提示函，乙商业银行某支行已尽到合理的风险告知义务；胡某不仅有购买类似理财产品的投资经历，而且签署合同即应受到合同条款的拘束。因此，判决驳回胡某的全部诉讼请求。

胡某不服判决，提起上诉。二审法院认为，按照金融监管的规定，商业银行应先对客户进行风险评估，在正确评估客户并了解相关情况下才能向客户推荐合适的理财产品，且不得主动向客户推荐不适宜的理财产品。乙商业银行违反上述规定，胡某虽在风险提示函上签字表示知晓相关风险，但这仍不能免除商业银行在签订合同之前的适当推介义务。胡某购买理财产品是因为乙商业银行某支行的不当推介行为所致的，若无不当推介行为，胡某不会购买该理财产品，损失也无从发生。因此，乙商业银行某支行具有过错，应当赔偿胡某18万余元的损失。

商业银行申请再审。人民法院再审认为，商业银行在销售理财产品时负有投资者适当性管理义务，并应对销售理财产品予以说明和风险提示。乙商业银行虽已履行了风险承受能力评估和风险提示义务，但披露手续不够完整，存在过错；胡某作为完全民事行为能力人，明知购买的理财产品可能发生亏损，并书面承诺自愿承担风险，应当按照“买者自负”的原则，承担理财产品损失的主要责任。最终，人民法院判决乙商业银行某支行承担胡某本金损失的40%，即7.2万余元赔偿责任。

知识链接

《中华人民共和国民法典》第一千一百七十三条 被侵权人对同一损害的发生或者扩大有过错的，可以减轻侵权人的责任。

《中国人民银行金融消费者权益保护实施办法》第十二条 银行、支付机构应当根据金融产品或者服务的特性评估其对金融消费者的适合度，合理划分金融产品和服务

笔记区

风险等级以及金融消费者风险承受等级，将合适的金融产品或者服务提供给适当的金融消费者。

中国银行保险监督管理委员会《商业银行理财业务监督管理办法》第二十六条第一款、第二款 商业银行销售理财产品，应当加强投资者适当性管理，向投资者充分披露信息和揭示风险，不得宣传或承诺保本保收益，不得误导投资者购买与其风险承受能力不相匹配的理财产品。

商业银行理财产品宣传销售文本应当全面、如实、客观地反映理财产品的重要特性，充分披露理财产品类型、投资组合、估值方法、托管安排、风险和收费等重要信息，所使用的语言表述必须真实、准确和清晰。

中国证券监督管理委员会《证券期货投资者适当性管理办法》第十九条 经营机构告知投资者不适合购买相关产品或者接受相关服务后，投资者主动要求购买风险等级高于其风险承受能力的产品或者接受相关服务的，经营机构在确认其不属于风险承受能力最低类别的投资者后，应当就产品或者服务风险高于其承受能力进行特别的书面风险警示，投资者仍坚持购买的，可以向其销售相关产品或者提供相关服务。

中国人民银行、中国银行保险监督管理委员会、中国证券监督管理委员会等四部门《关于规范金融机构资产管理业务的指导意见》 六、金融机构发行和销售资产管理

笔记区

产品，应当坚持“了解产品”和“了解客户”的经营理念，加强投资者适当性管理，向投资者销售与其风险识别能力和风险承担能力相适应的资产管理产品。禁止欺诈或者误导投资者购买与其风险承担能力不匹配的资产管理产品。金融机构不得通过拆分资产管理产品的方式，向风险识别能力和风险承担能力低于产品风险等级的投资者销售资产管理产品。

金融机构应当加强投资者教育，不断提高投资者的金融知识水平和风险意识，向投资者传递“卖者尽责、买者自负”的理念，打破刚性兑付。

纠纷解决技巧

金融消费者必须注意，理财产品不是存款；禁止理财产品“保本保息”，即“打破刚性兑付”。

“法律明白人”在普法宣传中应注意提醒村民作为金融消费者购买理财产品时，应当实事求是地填写或回答理财风险测评的问题。在实践中常出现的情形是：第一，部分金融消费者随意填写风险测评问卷，或者为购买更高回报预期的理财产品而不客观地填写问卷，造成风险测评结果与其自身真实情况不相符。在此种情况下，如果理财产品销售机构已经对产品的相关风险尽到提示和说明义务，则后续理财产品的亏损由金融消费者自己承担。第二，部

笔记区

分金融消费者为达到购买更高回报预期的理财产品的目的，请求金融机构工作人员指示、协助、代为填写风险评估问卷，使其购买的理财产品与其实际风险承受能力不匹配。所购买的理财产品发生亏损时，金融消费者和金融机构都存在过错，应按照各自的过错承担相应的责任。

因此，金融消费者为保护自身利益，应当重视风险评估测评，选择适当的理财产品。切勿在风险评估测评上“耍小聪明”。

试题

下列理财产品销售的规则中说法正确的是（　　）。[1]

A. 销售理财产品，必须先接受风险评估测试

B. 金融机构可以保证理财产品保本保收益

C. 投资者风险评估测试可以在销售人员指导下完成

D. 理财机构允许销售投资者自愿购买各种风险类型的理财产品

① 答案：A。

笔记区

▶ 26. 如何理解理财产品销售中的“卖者尽责”？

案例

金某，1950年出生。2016年，金某认购甲农村商业银行某支行代销的某开放式基金理财产品，金额为101万元。为此，金某签订了风险揭示书、高龄客户风险认知声明、客户风险承受能力调查表、开放式基金代销业务申请表。

风险揭示书说明了该产品为利益共享、风险共担的证券投资方式，管理人不承诺本金不受损失或取得最低收益，以及载明该产品可能面临的市场风险、管理风险、流动性风险等十大类风险等内容。

高龄客户风险认知声明载明：65周岁（含）以上客户原则上仅可购买我行风险评级为中低风险以下（含中低风险）的理财产品，本次您申请购买产品风险等级为中等风险，风险等级测评为平衡型，理财经理陈某已详细、清晰介绍本期产品的特点、可能存在的投资风险以及最不利的投资情形，并已提示本产品可允许购买的客户年龄上限为65周岁（含）。特别声明载明：本人已充分了解本期理财产品的内容、结构和特性，已理解并愿意承担该期产品的全部风险，本人已充分知晓本产品可允许购买的客户年龄上限

笔记区

为65周岁(含),但本人根据过往投资经验并且经独立判断后,自愿购买本期理财产品等。

客户风险承受能力调查表首页有原告签名,第2页个人填写栏内有职业、年收入等项目的勾选,第3页有本产品属于中等风险投资品种的说明,并区分了风险承受能力与本产品匹配与不匹配两类客户,并分别给予了说明。金某在风险承受能力匹配一类客户签名处签名。

开放式基金代销业务申请表下端声明栏内打印有:本人已详细阅读背面的客户须知并核对以上内容,充分知晓投资基金产品的风险;本人确认银行在本人确认投资该基金产品前已明确告知该基金产品的风险属性与本人风险承受能力的匹配情况,本人自主决策、自担风险等内容。其中,两份申请表下方备注处还打印有"产品超过本人风险承受能力,客户已确认自愿承担风险""超过本人风险等级,自愿承担风险"的内容。

2017年3月,金某自主赎回理财产品,金额为92.3万元。金某认为自己为年龄较大的保本型投资者,销售人员在销售产品过程中承诺"买到就是赚到"而没有提到亏损的可能,向其推荐了不适当的产品,应当赔偿其损失。因此,金某向人民法院提起诉讼。金某的诉讼请求能得到支持吗?

法律分析

笔记区

法律法规要求金融产品在销售过程中“卖者尽责”的内容，通常包含适当性义务和告知说明义务。前者是指金融机构在销售金融产品的过程中，应当了解客户的购买需求、资信状况、风险承受能力等情况，向金融消费者展示或推荐适当的产品。后者是指要求金融产品销售人员应当根据产品及金融消费者的实际情况，以通常能够理解的方式告知金融产品的投资风险、收益等关键信息，并对金融消费者的提问进行明确回答。

在本案中，值得关注的关键点是，金某超过了购买开放式基金产品的最高年龄限制，原则上金融机构不应向其销售该产品。但如果有证据证明甲农村商业银行某支行已适当履行了对金某的适当性核查义务以及告知说明义务，购买该产品是基于金某自己的判断和坚持，购买后金融产品的损失应当由金某自己承担。

知识链接

《全国法院民商事审判工作会议纪要》 72.【适当性义务】适当性义务是指卖方机构在向金融消费者推介、销售银行理财产品、保险投资产品、信托理财产品、券商集合理财计划、杠杆基金份额、期权及其他场外衍生品等高风险等级金融产品，以及为金融消费者参与融资融券、新三

笔记区

板、创业板、科创板、期货等高风险等级投资活动提供服务的过程中，必须履行的了解客户、了解产品、将适当的产品（或者服务）销售（或者提供）给适合的金融消费者等义务。卖方机构承担适当性义务的目的是为了确保金融消费者能够在充分了解相关金融产品、投资活动的性质及风险的基础上作出自主决定，并承受由此产生的收益和风险。在推介、销售高风险等级金融产品和提供高风险等级金融服务领域，适当性义务的履行是“卖者尽责”的主要内容，也是“买者自负”的前提和基础。

纠纷解决技巧

因销售金融产品而发生的民事纠纷中，金融消费者常面临证据的问题。因为金融消费者通常只有金融机构交给其的各种合同、表格等书面材料，而无法客观再现产品销售时销售人员的说明、劝诱、承诺等情况。人民法院对举证责任进行合理分配时，通常要求金融消费者证明购买产品的事实、遭受损失的事实，金融机构需承担其已经履行适当性义务的举证责任。

为规范金融产品销售行为，保护金融消费者合法权益，银行业监管机构出台规则要求银行业金融机构销售金融产品时应实施录音、录像的“双录”管理制度。如果发生金融产品纠纷，金融消费者可以请求人民法院调取“双录”

笔记区

资料,客观还原金融产品销售的情况,以判定各方的责任。

当然,金融消费者也可以选择自己录制保存购买金融产品时的音频视频资料,以备万一。但需要注意:第一,录制应当经过银行工作人员的同意,并避免涉及银行商业秘密或他人隐私等信息;第二,录制内容能真实、客观地反映金融产品销售时的情况;第三,录制应当是连续的,不应进行剪辑、拼接等操作。

试题

在下列各项中,不视为金融机构违反销售金融产品的适当性义务的是(　　)。[①]

A. 金融机构向客户推荐过高风险的金融产品

B. 客户拒绝听取金融机构建议而购买过高风险的金融产品

C. 金融机构诱导客户提供虚假信息以通过风险承受能力测试

D. 金融机构未进行风险能力测试直接向客户销售金融产品

① 答案:B。

笔记区

▶ 27. 金融机构疏于对产品进行了解，要承担多大的责任？

案例

2017年9月，胡某在甲期货公司某营业部员工李某的推介下，购买了乙基金公司的某专项私募基金产品。基金销售合同约定：该基金的全部基金资产用于受让丙公司持有的对丁公司的电子商业承兑汇票的受益权；基金存续期为180天，认购份额为200万份，金额为200万元；投资者可分配到不高于业绩比较基准的基准收益，业绩比较基准为年化7.6%；等等。胡某在营业部进行的风险承受能力评估测试显示其为C3级投资者，适配R1、R2或R3风险等级的产品。胡某签署私募投资基金风险揭示书、金融产品认购确定单及投资者承诺。

2018年3月，乙基金公司发布公告，由于丙公司持有的电子商业承兑汇票未能兑付，导致私募基金资产无法兑现，包括胡某购买的私募基金产品在内的多期私募基金产品的展期运作，将按到期时间顺序在3个月内分批次兑付。此后，胡某只在2018年4月12日收到基金分红款70,739.76元、2018年5月16日收到清算款14,044.71元，剩余投资尚未收回。

笔记区

2018年9月,某省证监局认为,甲期货公司等主体存在下列违法行为:甲期货公司某营业部员工李某等人未取得基金从业资格即以挂名其他员工的方式参与高风险金融产品的销售;甲期货公司内部员工微信群发布的基金产品宣传口径存在"年化收益率7.4%"等表述;甲期货公司代销乙基金公司发行的产品,未对产品对应的电子商业承兑汇票出票人丁公司存在涉及金额达19.56亿元的重大未决诉讼进行调查核实。根据上述事实,胡某认为甲期货公司及其营业部未履行投资者适当性审核义务,应当赔偿其损失。那么,胡某未能收回私募基金投资收益的原因,究竟是商业承兑汇票未能兑付的商业风险,还是产品发行及代销机构未尽相应的法律义务?

法律分析

本案是销售机构违反适当性义务的另一类情形,即销售机构未履行充分了解产品的义务,即未调查核实电子商业承兑汇票出票人的重大未决诉讼,就将该产品推荐给客户,造成客户损失的情形。此外,甲期货公司还存在其他违反监管规则的事项:某营业部员工李某未取得基金从业资格,即以挂在其他员工名下的方式参与基金销售,违反未取得基金从业资格不得从事基金销售活动的规定。期货公司内部向员工发布的信息,以及员工向客户告知的信

笔记区

息中,均存在“年化收益率7.4%”的表述,这是将私募基金产品中不确定收益事项提供了确定性判断,会造成对客户的误导。

综上,甲期货公司及其营业部的上述违法行为,与胡某投资私募基金产品损失具有因果关系,应当承担赔偿责任。

知识链接

《中华人民共和国证券投资基金法》第九条第三款

基金从业人员应当具备基金从业资格,遵守法律、行政法规,恪守职业道德和行为规范。

中国证券监督管理委员会《证券期货投资者适当性管理办法》

第二十二条第二项 禁止经营机构进行下列销售产品或者提供服务的活动:

(二)向投资者就不确定事项提供确定性的判断,或者告知投资者有可能使其误认为具有确定性的意见;

第二十七条 经营机构代销其他机构发行的产品或者提供相关服务,应当在合同中约定要求委托方提供的信息,包括本办法第十六条、第十七条规定的产品或者服务分级考虑因素等,自行对该信息进行调查核实,并履行投资者评估、适当性匹配等适当性义务。委托方不提供规定的信息、提供信息不完整的,经营机构应当拒绝代销产品或者提供服务。

笔记区

中国证券监督管理委员会《公开募集证券投资基金销售机构监督管理办法》

第三十条第二款 基金销售机构应当强化人员资质管理,确保基金销售人员具有基金从业资格。未经基金销售机构聘任,任何人员不得从事基金销售活动,中国证监会另有规定的除外。

第四十七条 基金销售机构应当销售符合法律法规和中国证监会规定的私募基金,对拟销售私募基金进行审慎调查和风险评估,充分了解产品的投资范围、投资策略、投资集中度、杠杆水平、风险收益特征等。销售文件应当按照规定全面说明产品特征并充分揭示风险。基金销售机构不得销售未在产品合同等法律文件中明确限定投资范围、投资集中度、杠杆水平的私募基金。

基金销售机构合规风控人员应当对私募基金销售准入出具专项合规和风险评估报告,签字确认并存档备查。

纠纷解决技巧

引发金融产品损失的一类原因是,金融产品本身存在问题,而产品发行者、销售者未能尽到谨慎调查核实义务,未向客户告知说明存在的风险。通常而言,金融消费者自

笔记区

身无法具体了解金融产品销售机构对产品信息进行调查核实的过程，因此在发生投资损失时也很难证明因此原因导致其产生损失。但金融消费者还是应当努力通过各种数据和信息的比对，寻求金融产品发行者、销售者未尽谨慎调查核实义务的蛛丝马迹，并据此作为初步证据，向金融监管部门投诉，请求金融监管部门对违法行为进行调查和处罚。

试题

基金销售机构的下列行为中，合法的是（　　）。[①]

A. 向不符合准入要求的投资者销售产品

B. 向投资者告知基金产品的确定收益率

C. 向投资者销售风险等级低于其风险承受能力的产品

D. 向投资者主动推介风险等级高于其风险承受能力的产品

① 答案：C。

笔记区

▶ 28. 朋友是银行理财经理，买他推荐的产品亏损了，谁负责？

案例

陈某是某农村商业银行的员工，其在甲支行工作时便与朱某的妻子付某相识；后陈某转至乙支行担任理财经理。朱某于2015年6月出资70万元，通过陈某购买该农村商业银行代销的"某节能基金"，至2016年8月赎回时取得赎回金额54.8万余元。

朱某起诉该农村商业银行和陈某，认为陈某作为该农村商业银行工作人员建议其持有基金并作出最低年收益5万元的承诺，导致其产生损失。在诉讼中，朱某提交了陈某与其夫妻通话的录音，陈某说，"只要是一年之内，到了5万元，我就给你出……""我们有很专业的团队，每天都在研究，每天都会发专业的东西……"等，以证明朱某信任陈某的话而继续持有基金，并导致了损失。朱某投资基金的损失应由谁赔偿？赔偿多少？

法律分析

朱某通过陈某购买某农村商业银行代销的基金产品，朱某与陈某之间是否构成委托理财关系？在本案中，人民

笔记区

法院认为存在委托理财关系，关键理由是朱某夫妇不仅因为陈某是银行工作人员，更是因为对陈某业务能力和熟识关系的信任，才通过陈某购买基金产品。正因为对陈某作为朋友的信任，其要求朱某夫妇继续持有基金的建议才会发生作用。至于某农村商业银行，其在完成销售过程中的适当性审核等义务以及与客户签订、履行基金销售协议后，该农村商业银行就已经完成了其作为代销机构的义务了。因此，事实上朱某与陈某之间存在委托理财关系，陈某声称背后有专业的研究团队、建议朱某继续持有基金的行为，导致朱某产生损失，其应当承担赔偿责任。

另外，朱某作为投资人应当具备相应的金融知识并充分了解投资产品；在自己参与的基金等投资产品的购买过程中，可以收集信息、听取建议，但最终的投资决策还应当由自己作出，并承担相应的损失。朱某具有购买基金的回赎权利，在发生亏损时本可及时止损，但轻信他人的保底承诺或继续持有建议，导致损失的发生和扩大。

最终，人民法院认为陈某作为银行工作人员，对金融风险应有更高的认知能力，但违反监管规则作出保底承诺，对损失发生具有较大责任，应当赔偿朱某损失的60%；朱某自己也有过错，承担损失的40%。

笔记区

知识链接

《中华人民共和国民法典》第五百九十一条 当事人一方违约后，对方应当采取适当措施防止损失的扩大；没有采取适当措施致使损失扩大的，不得就扩大的损失请求赔偿。

当事人因防止损失扩大而支出的合理费用，由违约方负担。

中国证券监督管理委员会《关于规范面向公众开展的证券投资咨询业务行为若干问题的通知》 七、……投资者或者客户因证券投资咨询机构、证券投资咨询从业人员的从业活动违法或者犯罪而遭受损失的，可依法提起民事诉讼，请求损害赔偿。

纠纷解决技巧

在现实中，普通人往往不具有金融专业知识和经验，会采用委托理财的方式谋取收益。委托理财的类型大体分 3 类：第一，委托金融机构理财。这些受托从事理财业务的金融机构，依据《中华人民共和国证券法》《中华人民共和国信托法》《证券期货经营机构私募资产管理业务管理办法》等法律法规受到金融监管。第二，委托资产管理公司、投资咨询公司或一般企业等非金融机构理财。这些受托理财机构可能受到地方金融部门的监管，也可能没有

笔记区

受到监管。第三,委托亲友或专门从事代客理财的自然人进行理财。

相比而言,正规金融机构从事理财业务,监管部门会对其准入资格、销售行为、风险控制等提出要求,对委托人的权益保障更有利。而民间委托理财可能存在为拉拢资金而进行夸大宣传、利用保底或高息吸引委托资金、违反忠实义务损害委托人利益等诸多风险。因此,委托人不应轻信亲朋熟人的介绍,不被某些所谓的投资公司的营销噱头所迷惑,慎重核查受托人的资信、业务能力、风险管理、内控机制等内容,以保障自身权益不受侵害。

试题

根据《中华人民共和国证券法》的规定,从事证券投资咨询服务业务的,应当经过(　　)。[①]

A. 中国证监会的核准　　B. 中国证监会的备案

C. 基金业协会的核准　　D. 证券交易所的核准

---

① 答案:A。

笔记区

▶ 29. 理财产品投资人的投资理财经验会影响投资损失的赔偿吗?

案例

2015年5月,王某在甲商业银行购买“某某普惠”基金100万元。申请书上载明:“您投资的集合资产管理计划不是银行存款,也不是我行发行的理财产品。您投资的集合资产管理计划可能产生风险,无法实现预期的投资收益,甚至投资本金也可能产生损失。产品的投资风险由您自行承担……”2015年6月,王某收到基金分红收益近5万元;至2017年12月王某赎回该基金时,赎回金额为77万余元。

王某起诉到人民法院,称其儿子、儿媳均为残疾人,配偶身体不好,购买理财的资金是准备为孩子买房的资金。王某在甲商业银行进行的风险承受能力评估成果为平衡型,但甲商业银行工作人员向其主动推介与其风险承受能力不匹配的理财产品,导致其产生损失,应当向其赔偿本金损失22万余元及利息损失15.5万元。甲商业银行认为,王某购买理财产品过程中进行了风险承受能力评估,评估结果由王某签字;在购买理财产品过程中,王某签订的业务申请书上已经载明可能发生损失本金的风险,银行

笔记区

在销售过程中已经履行了投资者适当性义务。王某在甲商业银行购买过多款证券投资基金产品，其应当有投资经验。因此，应当自己承担购买基金产品的损失。

王某的家庭情况、购买理财的过往经历等，是否会影响本案损失的分担？

法律分析

本案发生时，部分商业银行尚未建立理财产品销售过程的“双录”制度。因此，如果无法证明其履行了解客户、推介适当产品的义务，则银行应当承担损害赔偿责任。在本案中，王某的风险承受能力评估结果为平衡型，工作人员向其销售了风险级别高于平衡型的产品，除非能证明是王某自己执意购买的，否则可判定甲商业银行未履行适当性义务。在进行风险承受能力评估时，王某的家庭情况应当作为其风险承受能力的考虑因素。在此情况下，商业银行也不适宜向王某推介较高风险的理财基金产品。

但同时，王某在购买基金时也签署了申请书、风险揭示书等文件，作为完全民事行为能力人，应当审慎考虑并明确签字确认行为的效果。王某此前在甲商业银行购买过证券投资基金产品，该理财经历应加强王某的风险意识。尽管甲商业银行未全面履行适当性义务，但损失的直接原因是金融市场的正常变化和波动。因此，王某应该承担主要责任。

最终,人民法院判决甲商业银行承担王某本金损失的30%赔偿责任,驳回王某的其他诉讼请求。

知识链接

中国银行保险监督管理委员会《商业银行理财业务监督管理办法》第三十二条 商业银行通过营业场所向非机构投资者销售理财产品的,应当按照国务院银行业监督管理机构的相关规定实施理财产品销售专区管理,并在销售专区内对每只理财产品销售过程进行录音录像。

纠纷解决技巧

客户应在购买理财产品前接受风险承受能力评估。接受评估时,客户应当实事求是地说明自身情况。在实践中可能会出现这样的情况:客户为购买收益率较高的产品,通过夸大其收入、财产数额或对其投资经验的不实陈述,来提升风险承受能力等级,以达到购买高风险、高收益产品的目的。此种做法并不明智。目前,购买理财产品时,商业银行都会进行“双录”,客户对自己情况的夸大或不实陈述都会被记录下来。

非保本理财产品存在本金损失风险,客户此前的投资经验是销售机构对客户风险承受能力评估的重要参考因素。如果客户自述具有投资经验并且购买了相应风险级

笔记区

别的理财产品,则此种投资经验的自述会导致客户最终承担理财产品投资损失的风险。

试题

张某见到一款商业银行代销的基金产品,尽管有较高风险但预期收益率非常吸引人。张某的风险承受能力并不适合该基金产品的风险等级,此时,张某的正确做法是(　　)。①

A. 让销售人员帮助其调整风险承受能力测评的结果

B. 夸大自己的年收入以符合风险承受能力测评

C. 不管风险承受能力测评结果而坚决购买基金产品

D. 放弃购买该基金产品

① 答案:D。

笔记区

▶ 30. 银行不提供销售理财产品的"双录"信息会有什么后果?

案例

2017年10月,严某在甲商业银行咨询理财产品后,选择购买某理财产品,通过网银登录进行申购操作,通过了风险承受能力评估,签署了《合格投资者申明书》《风险提示确认书》,并勾选了"我已阅读《产品说明书》《资产管理合同》《风险提示书》《电子签名约定书》等法律文件"。严某投入50万元购买了某理财产品。至2018年11月严某赎回理财产品时,获得本息共计50.096098万元。严某向法院起诉,请求按照理财产品销售时银行工作人员承诺的预期收益支付逾期收益、利息。但严某未能提供证据证明工作人员对其收益进行了承诺。因此,一审法院驳回了严某的诉讼请求。严某上诉。二审法院认为,按照原中国银行业监督管理委员会发布的相关金融监管规则,严某在商业银行自助办理柜台通过体验机自行购买涉案理财产品,在网上提交了风险承受能力评估等资料,网签了《风险提示确认书》等法律文件,但并未提供证据予以证明。因此,甲商业银行无证据证明其尽到了风险评估、提示义务和产品的说明义务,在销售理财产品过程中存在过错。最后,二审法

笔记区

院判决甲商业银行按同期银行存款利息支付严某7500元。

法律分析

一方面,按照民事诉讼"谁主张谁举证"的一般举证原则,严某提出甲商业银行销售人员在推介产品时存在承诺预期收益的情况,则严某应当提出证据证明;若不能证明,则承担举证不能的结果,即其请求不能得到法院的支持。

另一方面,原中国银行业监督管理委员会在商业银行理财业务的监管规则中要求,商业银行通过营业场所销售理财产品,应实施理财产品销售专区管理,并在销售专区内对每只理财产品的销售过程进行录音、录像;应按照相关规定,妥善保存销售过程的相关资料。基于上述规定,人民法院可以要求甲商业银行提交录音、录像资料以还原理财产品销售时的情况。甲商业银行无法提供相关的录音、录像资料,则被认为未能证明其尽到了适当性义务,应对其过错承担一定的责任。

需要注意的是:自主操作时不能将银行卡交给工作人员代为操作,而应当在工作人员的提示和辅助下自己操作,并且认真阅读屏幕上的各类说明和要求,有不明白的地方需问询清楚后再操作,以避免产生风险。即使是自助操作购买理财产品,销售金融机构也应当保存销售的相关资料,否则也会被认为存在过错。

知识链接

《中华人民共和国民事诉讼法》第六十七条第一款、第二款 当事人对自己提出的主张,有责任提供证据。

当事人及其诉讼代理人因客观原因不能自行收集的证据,或者人民法院认为审理案件需要的证据,人民法院应当调查收集。

最高人民法院《关于适用〈中华人民共和国民事诉讼法〉的解释》第九十四条 民事诉讼法第六十七条第二款规定的当事人及其诉讼代理人因客观原因不能自行收集的证据包括:

(一)证据由国家有关部门保存,当事人及其诉讼代理人无权查阅调取的;

(二)涉及国家秘密、商业秘密或者个人隐私的;

(三)当事人及其诉讼代理人因客观原因不能自行收集的其他证据。

当事人及其诉讼代理人因客观原因不能自行收集的证据,可以在举证期限届满前书面申请人民法院调查收集。

中国银行保险监督管理委员会《商业银行理财业务监督管理办法》

第三十二条 商业银行通过营业场所向非机构投资者销售理财产品的,应当按照国务院银行业监督管理机构的相关规定实施理财产品销售专区管理,并在销售专区内

笔记区

对每只理财产品销售过程进行录音录像。

第三十三条第一款 商业银行应当按照国务院银行业监督管理机构的相关规定,妥善保存理财产品销售过程涉及的投资者风险承受能力评估、录音录像等相关资料。

纠纷解决技巧

为保护金融消费者的合法权益,中国银行保险监督管理委员会等金融监管部门出台相应规则,如要求商业银行在销售理财产品过程中应当采取"双录"制度。这既能形成对商业银行销售理财产品时的合规压力,又能保留音频、视频证据以利于日后解决纠纷。

金融消费者在发生金融消费纠纷起诉到人民法院后,如金融监管部门明确要求金融机构应当保存相关销售资料,可以请求人民法院向金融机构调查此类资料。

试题

金融消费者因客观原因不能自行收集证据的,则(　　)。[①]

A. 可以要求对方提供证据

B. 承担举证不能败诉的后果

C. 可以请求公安机关调查证据

D. 可以请求人民法院调查证据

---

① 答案:D。

笔记区

▶ 31. 民间委托理财约定保底收益靠谱吗?

案例

李某自称是甲投资公司的市场部总监。韩某在李某的带领下,到甲投资公司营业部签署盖有甲投资公司公章的资产管理协议和投资咨询合同,约定:韩某出资28万元委托甲投资公司进行贵金属投资“套利”交易,委托期限为6个月;甲投资公司确保韩某本金不亏损及年化收益为10%等。合同签订后,李某以及甲投资公司员工龚某为韩某办理了贵金属交易开户、入账等手续,韩某将账户交由李某操作。次月9日,韩某找李某要回账户密码,并修改了账户密码。4日后,韩某自行平仓,扣除相关费用后,账户内共转出资金17万余元。韩某根据资产管理协议的约定,向甲投资公司讨要亏损的10万余元未果后,起诉到人民法院。另外,公安机关就本案事实对李某进行了调查。李某称,其与甲投资公司负责人相识,平时会带客户去甲投资公司开户。李某曾带韩某到甲投资公司签订资产管理协议和投资咨询合同,合同文本为甲投资公司提供的,印章是甲投资公司工作人员盖的;用甲投资公司市场部总监名义印名片是为了方便做业务,也是经甲投资公司同意的。本案委托理财发生的亏损,应当由谁承担?

笔记区

法律分析

李某并非甲投资公司的员工，但自称是甲投资公司的市场部总监并且使用与公司员工版本相同的名片；李某在甲投资公司营业场所内招揽客户并开展销售理财业务，甲投资公司对此采取放任态度；韩某在甲投资公司营业部签订合同，所签合同上盖有甲投资公司的公章，当时甲投资公司员工龚某在场并协助办理了开户等手续。上述种种情形表明，韩某签订合同时有理由相信李某有权代理甲投资公司开展业务，构成表见代理；韩某与甲投资公司签订的合同有效，甲投资公司应当履行合同义务或承担合同责任。

甲投资公司是国内某贵金属交易所会员单位，该交易所规则中有禁止会员单位及其工作人员从事代客理财业务，不得对客户进行保证收益的规定；甲投资公司放任他人冒称公司员工主动向客户销售贵金属投资理财产品并承诺保本和高回报，甲投资公司存在重大过错。同时，韩某未能认真阅读所签合同及附件客户协议书中有关禁止代客理财的条款，在高回报及保收益诱惑下，签订协议欠缺必要的谨慎；且将资金交给李某操作，进一步造成损失的扩大，也应承担次要责任。最终，法院判决甲投资公司承担本金损失的 70% 责任，韩某承担本金损失的 30% 责任。

知识链接

笔记区

《中华人民共和国民法典》

第一百七十二条 行为人没有代理权、超越代理权或者代理权终止后，仍然实施代理行为，相对人有理由相信行为人有代理权的，代理行为有效。

第五百九十二条 当事人都违反合同的，应当各自承担相应的责任。

当事人一方违约造成对方损失，对方对损失的发生有过错的，可以减少相应的损失赔偿额。

中国人民银行、中国银行保险监督管理委员会、中国证券监督管理委员会等四部门《关于规范金融机构资产管理业务的指导意见》 三十、资产管理业务作为金融业务，属于特许经营行业，必须纳入金融监管。非金融机构不得发行、销售资产管理产品，国家另有规定的除外……

《中华人民共和国证券法》第一百六十条第二款 从事证券投资咨询服务业务，应当经国务院证券监督管理机构核准；未经核准，不得为证券的交易及相关活动提供服务。从事其他证券服务业务，应当报国务院证券监督管理机构和国务院有关主管部门备案。

纠纷解决技巧

投资者在签订委托理财或者委托资产管理协议时，切勿

笔记区

轻信非金融机构的宣传,应认真了解受托公司从事相关金融业务的资质准入、接受监管等情况,避免遭遇不必要的投资风险。

对投资人与非金融机构签订的委托理财或资产管理协议,在司法实践中有两种常见的判决结果:一是认为此类协议无效或可撤销,双方按照各自的过错承担责任;投资者在签订协议时未尽审慎注意义务,也需要承担部分损失。二是可以确认合同有效,并按照合同约定的风险承担方式来确定投资人应当承担的损失。

另外,投资者也可以到金融监管机构或地方金融(监管)部门了解受托公司的受监管情况,在怀疑受托公司存在违法、违规行为时,可以向金融监管机构进行咨询甚至投诉,以维护自身权益,打击违法金融行为,维护金融秩序。

试题

下列公司开展资管业务,受中国人民银行、中国银行保险监督管理委员会、中国证券监督管理委员会等四部门《关于规范金融机构资产业务的指导意见》确定的各项监管规则监管的是(　　)。[①]

A. 基金管理子公司　　B. 互联网投资管理公司

C. 投资顾问公司　　D. 投资咨询公司

① 答案:A。

笔记区

▶ 32. 销售理财产品宣传预期收益率的做法合法吗?

案例

于某在甲商业银行购买了两款理财产品:A款信托融资型人民币理财产品,期限为12个月,产品类型为固定期限理财产品,预期最高年收益率(扣除销售手续费、托管费后)为3.3%;B款人民币结构性理财产品,期限为24个月,产品类型为保本型浮动收益理财产品,理财收益与所列4只股票挂钩,理财收益率的确定条件为:若4只挂钩股票在至少一个观察日的收盘价曾大于或等于各自期初价格的115%,则客户2年理财总收益率为15%;否则,客户2年总收益率为4只挂钩股票最终涨幅的最低值,保底收益率为0%。于某分别支付6万元和7万元购买了A、B两款理财产品。双方签订的《人民币理财产品协议书》第7条【特别提示】中写明:"人民币理财产品预期收益率仅供客户参考,并不作为甲商业银行向客户支付理财收益的承诺;客户所能获得的最终收益以甲商业银行的实际支付为准,且不超过本说明约定的预期最高收益率。"于某在该协议书上签字。

A款产品到期后,于某获得本金及投资收益61,983.72元;B款产品到期后,于某获得本金及投资收益70,004.2

笔记区

元。于某与甲商业银行协商，甲商业银行基于13万元总额，按照中国人民银行2年存款利率，支付2530元利息；于某写承诺书，承诺不再到有关部门投诉。

事后，于某向法院起诉，请求银行按照约定的收益率，向其支付A、B两款理财产品的理财收益10,080元。最终，人民法院驳回了于某的诉讼请求。

法律分析

于某诉讼请求被驳回的原因有二点：其一，《人民币理财产品协议书》特别提示中明确了预期收益率仅供客户参考，不作为向客户支付理财收益的承诺；最终收益以实际支付为准，且不超过约定的预期最高收益率。甲商业银行已经采用特别提示方式进行了提醒，于某也在其上签了字，表明其对预期收益率的约定应当是知晓并且接受的，应当按照约定获得理财产品的收益。其二，于某在向人民法院起诉前，已经和甲商业银行达成和解协议。

在本案中，人民法院主要以第一项理由驳回了于某的诉讼请求。本案提醒我们，理财产品(预期)收益率既是影响客户决定是否购买理财产品的重要因素，也往往会成为销售人员误导性陈述的一项内容，并成为当事人争议的一个焦点。因此，一方面，需要由金融监管部门对产品收益的宣传方式进行规制；另一方面，也应提醒客户注意对预期收益的正确

笔记区

理解。

另外,也要注意于某与甲商业银行的和解。和解是当事人在自愿互谅基础上就如何解决纠纷进行协商并达成协议的一种自行解决纠纷的方式。发生纠纷时,可以采用和解的方式解决纠纷,但对和解协议的达成,当事人应当慎重决断。

知识链接

《中华人民共和国民事诉讼法》第五十三条 双方当事人可以自行和解。

《中华人民共和国民法典》第一百一十九条 依法成立的合同,对当事人具有法律约束力。

《中国人民银行金融消费者权益保护实施办法》

第十七条 银行、支付机构对金融产品和服务进行信息披露时,应当使用有利于金融消费者接收、理解的方式。对利率、费用、收益及风险等与金融消费者切身利益相关的重要信息,应当根据金融产品或者服务的复杂程度及风险等级,对其中关键的专业术语进行解释说明,并以适当方式供金融消费者确认其已接收完整信息。

第二十三条第二项、第四项 银行、支付机构在进行营销宣传活动时,不得有下列行为:

(二)引用不真实、不准确的数据和资料或者隐瞒限制

笔记区

条件等，对过往业绩或者产品收益进行夸大表述。

（四）明示或者暗示保本、无风险或者保收益等，对非保本投资型金融产品的未来效果、收益或者相关情况作出保证性承诺。

纠纷解决技巧

中国人民银行、中国银行保险监督管理委员会、中国证券监督管理委员会等四部门《关于规范金融机构资产管理业务的指导意见》打破刚性兑付后，理财产品都是“理财公司按照约定条件和实际投资收益情况向投资者支付收益、不保证本金支付和收益水平的非保本理财产品”。为吸引金融消费者购买理财产品，有的金融机构或销售人员会在预期收益率方面以误导性宣传方式诱导金融消费者购买理财产品，从而发生纠纷。“法律明白人”可以帮助金融消费者熟悉各种收益率的表述及其概念，与销售人员明确收益率的概念和计算方法，在真正知情的情况下购买相应的理财产品。常见的关于收益率的表述如下：

1. 预期年化收益率，即理论上预测的一年的收益率，而非实际取得的收益率，计算公式为年化收益率 =（投资收益/本金）/（投资天数/365）×100%。需要注意的是，大部分计算方式中确定年化的时间为 365 日，即使为闰年也为 365 日；但也有可能存在合同约定年化时间为 360 日的

笔记区

情况,需仔细分别。

2. 7 日年化收益率,即理财产品在最近 7 天内的平均年化收益率,只代表过去 7 天内的收益率,但并不能保证未来收益率将保持在该收益率水平。类似概念还有近 1 个月或近 3 个月的收益率、上期年化收益率等。

3. 业绩比较基准。在中国人民银行、中国银行保险监督管理委员会、中国证券监督管理委员会等四部门《关于规范金融机构资产管理业务的指导意见》打破刚性兑付的背景下,理财产品宣传年化收益率仍然可能被误认为具有保证收益的意思。为避免金融消费者产生误解,目前金融机构逐渐采用业绩比较基准概念来替代年化收益率,即根据金融机构自身产品以往的业绩表现,或者是同类型产品的历史业绩,预估出来的投资者可能获得的收益。业绩比较基准也只是收益预估值,仅具有收益参考的价值。

试题

下列收益率概念中,属于已然确定的收益率而非预估收益率的是(　　)。①

A. 年化收益率　　B. 预期年化收益率

C. 业绩比较基准　　D. 7 日年化收益率

① 答案:D。

笔记区

33. 全权委托银行客户经理代为理财操作，有多大风险？

案例

吕某为某商业银行甲支行的员工，2008年起担任该银行理财客户经理。自2010年起，客户任某多次在甲支行网点办理业务，与吕某因业务关系相熟。自2012年以来，吕某向任某推介理财产品，任某购买的多款理财投资产品均获得收益。

2014年4月，吕某调整至某商业银行乙支行工作。为方便购买理财产品，任某新开立理财金账户，并将理财金账户银行卡交给吕某保管并代为购买、回赎理财产品。2014年11月17日，吕某使用任某的U盾、账户和密码，网上申购丙投资管理中心投资产品50万元；2015年3月26日，吕某采用同样方式申购丁投资中心投资产品110万元。

2015年，因丙投资管理中心和丁投资中心涉嫌非法吸收公众存款被立案侦查，相关投资无法收回。任某报案，称吕某拿走其银行卡和U盾，办理了两款投资产品的购买手续，导致其产生损失。

吕某承认，其认识涉案投资产品的代理人赵某，赵某向其推介涉案投资产品并承诺按照投资金额每万元3.5%

笔记区

的比例给吕某支付推销报酬。基于对赵某等人的信任，吕某使用客户资金购买投资产品，并指示赵某将“好处费”打至吕某亲戚的账户再转给吕某，规避其账户被监控系统发现存在异常交易的情形。在这起银行理财“飞单”案件中，各方应当如何承担责任？

法律分析

“飞单”，是指银行销售人员利用客户对银行或其自身的信任，销售不属于本银行发行或代理销售的理财产品，从中获取佣金等“好处费”的行为。

在本案中，任某因过分信赖吕某，将个人理财金账户银行卡、U盾、密码等交给吕某，由其全权负责理财产品的购买和回赎，缺乏对自身资金安全风险的基本防范，自身存在过错，是发生“飞单”损失产生的重要原因。

吕某作为银行理财经理，明知不得向客户推介、销售非本行发行或代销的理财产品，但为获取个人利益，自行操作客户资金转入涉案投资产品，导致客户发生损失。吕某存在重大过失，应当承担相应的责任。需要说明的是，任某将理财账户全权委托吕某打理，已经超出理财经理的业务范围；吕某私下从事“飞单”行为，商业银行并不知情，因此吕某的行为并非履行职务行为。

尽管吕某并非履行职务行为，但商业银行在内控和风

笔记区

险排查等方面的工作流于形式，未证明对“飞单”交易已采取有针对性、有实际效果的防范措施；也没有在营业场所张贴通知或以其他方式对投资者进行必要的“飞单”风险提示；在员工选择方面，注重业绩而忽视人品和职业操守的考察；未对投资者进行风险承受能力评估，违反了监管规定。基于上述原因，某商业银行乙支行也对任某的损失存在一定的过错，应当承担一定比例的责任。

最终，人民法院根据各方的过错及造成损害的原因力，判定任某承担损失的30%，吕某承担损失的50%，乙支行承担损失的20%。

知识链接

《中华人民共和国民法典》第一千一百七十三条 被侵权人对同一损害的发生或者扩大有过错的，可以减轻侵权人的责任。

纠纷解决技巧

客户办理各类金融业务，应尽量亲自办理；如确有需要委托他人代办的，应当根据对受托人的信任情况、办理业务的重要性程度等确定授权范围；审慎采用全权委托方式，切勿为图便利而全权委托银行工作人员办理业务，将银行卡、密码信息以及U盾等交易所需的密码器长期交给银行工作人员管理操作。否则，账户资金将存在发生损失的重大风险,客户要为自身的过错承担相应的责任。

笔记区

客户通过银行工作人员购买理财产品,应当核实该理财产品是否为银行发行或者销售的理财产品,必要时可通过金融监管部门网站查询或者金融监管部门核实的方式确认理财产品的监管信息。此外,还应当关注理财资金是否进入银行账户,认真查看业务办理回执中的汇款账户明细,避免资金汇入银行工作人员个人或第三方的账户。

在必要审慎的情况下,发生了银行工作人员“飞单”等情形,具体工作人员应承担责任。如果能证明银行未履行监管要求,则银行也应当承担相应的过错责任。客户可以向金融监管机构投诉,或者向公安机关报案,以争取查清事实、取得证据。

试题

投资人采取的下列措施中,不能有效避免遭遇“飞单”损失的是(　　)。①

A. 查询购买理财产品是否为银行发行或代销的产品

B. 向银行工作人员核实购买产品的情况

C. 认真查看业务回执以确认资金进入银行账户

D. 避免全权委托银行工作人员代为购买理财

---

① 答案:B。

笔记区

▶ 34. 虚拟货币买卖或投资受法律保护吗?

案例

2018年聂某经他人介绍认识了秦某。2018年7月10日,聂某向秦某账户转款2.5万余元;10月8日,聂某在秦某的帮助下在某链钱包上注册了个人账户,秦某登录聂某账户为其购买了某虚拟货币2000个。2018年10月13日,购买的虚拟货币市场价值下跌,双方发生争执。后因该数字货币注册国的政策发生变化,在该国注册的某链钱包被强制关闭。聂某起诉秦某,声称秦某向其借款2.5万余元未偿还,请求返还借款本金。双方产生纠纷。

法律分析

在本案中,聂某称秦某向其借款,但无借条。秦某否认借款,认为其是帮助聂某注册某数字货币账号并代为操作购买了某虚拟货币。二人说法的差异在于:如果事实如聂某所主张,则二人之间为民间借贷关系,秦某应当返还借款;如果事实如秦某所主张,则二人之间为委托投资关系,聂某需承担投资损失。

从本案证据看,聂某并无借条,反而在秦某帮助下在某链钱包上注册了个人账户,其委托秦某帮助购买某虚拟

笔记区

货币从事投资的可能性较大。如认定双方为委托理财关系,则需要看该委托关系的合法性。

2013 年中国人民银行、工业和信息化部、中国银行业监督管理委员会等五部门《关于防范比特币风险的通知》中,提示比特币等虚拟商品不具有货币同等的法律地位,不能且不应作为货币在市场上流通使用;2017 年中国人民银行、中国网络安全和信息化领导小组办公室、工业和信息化部等七部门再次发布《关于防范代币发行融资风险的公告》,提示代币发行融资本质上是一种未经批准的非法公开融资行为。在中国境内任何代币融资平台所进行的"虚拟货币"兑换、买卖等活动,都属于违法行为;如代币平台服务器等设置于国外,也可能因各国对代币政策的不同态度,导致买卖、兑换代币可能涉嫌违法。

据此,聂某和秦某之间的委托投资关系,因为违反我国当前的相关金融法律法规或政策、违背公序良俗而无效,聂某的诉讼请求无法获得支持。

知识链接

《中华人民共和国民法典》第八条 民事主体从事民事活动,不得违反法律,不得违背公序良俗。

笔记区

中国人民银行、工业和信息化部、原中国银行业监督管理委员会等五部门《关于防范比特币风险的通知》 一、正确认识比特币的属性

……虽然比特币被称为"货币",但由于其不是由货币当局发行,不具有法偿性与强制性等货币属性,并不是真正意义的货币。从性质上看,比特币应当是一种特定的虚拟商品,不具有与货币等同的法律地位,不能且不应作为货币在市场上流通使用。

二、各金融机构和支付机构不得开展与比特币相关的业务

现阶段,各金融机构和支付机构不得以比特币为产品或服务定价,不得买卖或作为中央对手买卖比特币,不得承保与比特币相关的保险业务或将比特币纳入保险责任范围,不得直接或间接为客户提供其他与比特币相关的服务,包括……开展比特币的储存、托管、抵押等业务;发行与比特币相关的金融产品;将比特币作为信托、基金等投资的投资标的等。

中国人民银行、原中央网络安全和信息化领导小组办公室、工业和信息化部等七部门《关于防范代币发行融资风险的公告》 一、准确认识代币发行融资活动的本质属性

代币发行融资是指融资主体通过代币的违规发售、流

笔记区

通,向投资者筹集比特币、以太币等所谓“虚拟货币”,本质上是一种未经批准非法公开融资的行为,涉嫌非法发售代币票券、非法发行证券以及非法集资、金融诈骗、传销等违法犯罪活动……

三、加强代币融资交易平台的管理

本公告发布之日起,任何所谓的代币融资交易平台不得从事法定货币与代币、“虚拟货币”相互之间的兑换业务,不得买卖或作为中央对手方买卖代币或“虚拟货币”,不得为代币或“虚拟货币”提供定价、信息中介等服务……

纠纷解决技巧

想避免委托投资“踩坑”,切实增强风险防范意识是关键。投资人应当尽量充分掌握信息,避免盲目委托投资。在委托理财投资中,投资人可能轻信受托人的说法,不具体了解、核实受托人的情况,不知晓被投资资产或项目的情况,不预估风险,盲目投资而遭受损失。投资者不了解产品、行业乃至价值增长的基本逻辑,如望文生义地认为“虚拟货币”就是货币,最终导致误陷投资骗局。

同时,互联网使跨境投资活动变得便捷,数字经济发展又使投资产品虚拟化,更增加了投资者的风险。跨境投资不仅涉及我国反洗钱、网络安全等领域,而且投资对象可能因我国或国外的法律或政策因素而影响投资的合法

笔记区

性，投资者应当更加慎重。而在数字经济条件下投资虚拟货币或虚拟产品，投资者不仅要了解投资对象的合法性，更要明辨投资对象的运营和盈利逻辑，以避免陷入部分人为炒作的骗局。

综上所述，各种投资都需要较充分的信息、专业知识、投资经验以及必要的时间精力投入，轻信他人介绍而试图投资某些“暴利”产品或项目来获取收益，最终往往会受骗。如果没弄清楚投资对象及投资逻辑，请远离此种炒作投资。

试题

下列关于虚拟货币的说法中，正确的是（　　）。[①]

A. 虚拟货币不是货币

B. 虚拟货币可以买卖

C. 虚拟货币可以兑换人民币

D. 虚拟货币可用于支付购买商品的价款

---

① 答案：A。

笔记区

35. 投资“合作托管造林”真的靠谱吗?

案例

2006年5月,退休的王某参加“近郊游”老年团活动,前往某木业公司听课。课后,王某与某木业公司签订《用材林转让合同》《用材林管护合同》《林木收购合同》,认购20亩林地,缴纳林木转让费和管护费共9万余元。

2007年,某木业公司因涉嫌非法集资而被调查。经查明,2005~2007年,该木业公司通过媒体发布广告招聘业务员,散发宣传材料等形式发展客户,组织业务员授课培训,宣传以托管合作、承包经营等方式投资林业可以获得高额回报,与多名投资人签订合同,以林地转让费、林木管护费等名义非法募集资金近500万元。案发时,造成投资人损失300余万元。王某还能要回其认购林地所缴纳的各项费用和投资吗?

法律分析

非法集资是包括非法吸收公众存款或者变相吸收公众存款,集资诈骗,擅自发行股票或者公司、企业债券,组织、领导传销活动等行为的统称。在实践中,以非法吸收公众存款或者变相吸收公众存款的形式为其基本形态;按

笔记区

照最高人民法院《关于审理非法集资刑事案件具体应用法律若干问题的解释》,其包括以下特征:(1)非法性,即未经有关部门依法许可或者借用合法经营的形式吸收资金;(2)宣传性,即通过网络、媒体、推介会、传单、手机信息等途径向社会公开宣传;(3)利诱性,即承诺在一定期限内以货币、实物、股权等方式还本付息或者给付回报;(4)社会性,即向社会公众即社会不特定对象吸收资金。

非法集资活动往往通过广泛宣传投资项目并通过高额回报利诱广大投资人投资,吸收公众存款或者投资款。但由于其投资的项目不具有高利润回报的可行性,最终将导致项目失败,进而影响广大投资人的收益和本金。从形式上判断,以吸收存款方式吸取资金,应当有相应的金融业务许可;转让股权、发行股份或者债券,向超过 200 人的不特定群体吸收资金,应当接受证券监管等部门的监管。如果吸收资金方无法提供上述相应的金融业务许可证明、接受监管的登记注册证明等信息,则此类投资项目应当引起投资人的高度警觉。

知识链接

国务院《防范和处置非法集资条例》

第十六条第一款 对涉嫌非法集资行为,任何单位和个人有权向处置非法集资牵头部门或者其他有关部门

笔记区

举报。

第十七条 居民委员会、村民委员会发现所在区域有涉嫌非法集资行为的,应当向当地人民政府、处置非法集资牵头部门或者其他有关部门报告。

最高人民法院《关于审理非法集资刑事案件具体应用法律若干问题的解释》第二条第二项 实施下列行为之一,符合本解释第一条第一款规定的条件的,应当依照刑法第一百七十六条的规定,以非法吸收公众存款罪定罪处罚:

(二)以转让林权并代为管护等方式非法吸收资金的;

纠纷解决技巧

非法集资活动不仅扰乱金融秩序、破坏经济发展和社会稳定,也会给众多参与群众造成重大的财产损失。除依靠政府严厉打击各类非法集资活动外,“法律明白人”通过普法宣传,帮助村民提高对非法集资活动的辨识能力和风险意识,拒绝参与各种表现形式的非法集资活动,也是防范个体金融风险的重要方面。非法集资行为包括非法吸收公众存款、集资诈骗等类型,非法集资者为获取公众信任而不断变化非法集资的表现形式,使公众更容易上当受骗。为此,一方面,需要掌握非法集资的概念和本质;另一方面,可通过相关监管部门的宣传和案例介绍,增长自身

笔记区

辨别非法集资行为的能力，避免陷入非法集资的陷阱。

如果不幸陷入非法集资活动中，首先，需避免自身主动或被迫参与进一步的集资活动中，避免自身或他人损失的进一步扩大。其次，应当向有权处置非法集资的牵头部门或其他有关部门举报；或者向所在区域的居民委员会、村民委员会报告，要求其向当地人民政府、处置非法集资牵头部门或者其他有关部门报告。再次，保留好证据，关注非法集资案件的进展，提供相关信息以便于后续集资资金清退程序的开展。最后，如有进一步挽回损失的可能，也可以选择通过诉讼方式进行。

试题

以“委托合作造林”的名义吸收公众存款，但实际将款项用于炒股、房地产开发及个人奢侈消费等用途。该行为构成(　　)。[1]

A. 非法吸收公众存款罪

B. 擅自发行股票、公司企业债券罪

C. 集资诈骗罪

D. 贷款诈骗罪

① 答案：C。

笔记区

▶ 36."买高收益理财产品,还送小礼品",是"天上掉馅儿饼"吗?

案例

2014年12月至2015年3月,被告人梁某在管理甲投资公司期间,通过虚构乙矿业公司需要资金的项目、在某市场门口发放投资理财宣传单等方式,以投资高额回报为噱头,骗取了周某等多人的投资资金。梁某收到投资资金后,并未转给乙矿业公司经营使用。经人民法院审判,梁某因犯集资诈骗罪,被判处有期徒刑并处罚金。

据周某等被害人陈述,其是退休人员,2015年春节前在某市场附近的超市门口见到甲投资公司业务员赵某在发放传单,宣传投资项目。后经赵某联系,周某到甲投资公司办公地参加由业务员讲授的投资课程,介绍乙矿业公司的相关情况,并说明投资资金按照1.3%的月利率结算收益。周某投资了7万元,当天获得了910元投资回报,以及一些小礼品奖励。但此后,周某就再未获得本金或投资回报。作为普通投资者,遇到"高收益理财产品",还能附赠小礼品,这种产品能购买吗?

笔记区

法律分析

梁某管理的甲投资公司从事集资诈骗行为的特点是比较明显的:第一,其行为符合非法集资行为的特点,包括:通过发放宣传单、组织授课等方式进行公开宣传;通过月利率1.3%(年利率为15.6%)的高收益率吸引投资,如赠送小礼品等方式也属于通过高息回报来利诱投资人投资;吸收诸多老年人的投资资金,属于向社会公众吸收资金;未经过依法许可吸收资金。第二,梁某从事非法集资活动,是通过宣传虚构的投资项目实现的,且募集资金未投入实际生产经营,构成集资诈骗罪的"以非法占有为目的"主观要件。

知识链接

《中华人民共和国刑法》第一百九十二条第一款 以非法占有为目的,使用诈骗方法非法集资,数额较大的,处三年以上七年以下有期徒刑,并处罚金;数额特别巨大或者有其他特别严重情节的,处七年以上有期徒刑或者无期徒刑,并处罚金或者没收财产。

最高人民法院《关于审理非法集资刑事案件具体应用法律若干问题的解释》第二条第九项 实施下列行为之一,符合本解释第一条第一款规定的条件的,应当依照刑法第一百七十六条的规定,以非法吸收公众存款罪定罪

笔记区

处罚:

(九)以委托理财、融资租赁等方式非法吸收资金的;

国务院《防范和处置非法集资条例》第十九条第三项

对本行政区域内的下列行为,涉嫌非法集资的,处置非法集资牵头部门应当及时组织有关行业主管部门、监管部门以及国务院金融管理部门分支机构、派出机构进行调查认定:

(三)在销售商品、提供服务、投资项目等商业活动中,以承诺给付货币、股权、实物等回报的形式吸收资金;

中国银行保险监督管理委员会《商业银行理财业务监督管理办法》附件:《商业银行理财产品销售管理要求》

三、理财产品销售管理

……

(二)商业银行从事理财产品销售活动,不得有下列情形:

……

2.采取抽奖、回扣或者赠送实物等方式销售理财产品;

……

纠纷解决技巧

近年来,以销售理财产品为名涉嫌非法集资的案件常

笔记区

有发生，此种作案手法能屡次欺骗投资人。一方面，繁复花哨的产品名称、公司名称以及产品结构等，让投资人产生产品“高端”的感觉；另一方面，承诺给予高额回报则是吸引投资的“利器”。因此，“法律明白人”应提醒投资人理性看待投资回报：考虑是否购买金融产品或投资时，不能仅考虑预期收益或回报的高低，考察该产品是否合法以及发行方、销售方是否合规，则更重要；面对承诺的高额回报，不仅关注此种承诺是否以书面方式写入合同条款；更重要的是，基于常识判断融资方是否可能通过经营获得如此高的经营收益以支持向投资者支付回报；面对诸如赠送小礼品、逢年过节回馈老客户、组织老年团近郊游等小恩惠，切勿一时冲动，仅凭“感情”判断投资或购买金融产品的可行性。只有冷静判断，避免受非法集资活动中高利回报的引诱，才是避免投资风险的关键。

试题

甲公司以高息回报和赠送礼品的方式，公开宣传其主导的某投资项目，吸引投资者出资入股。关于该操作的说法，正确的是（　　）。①

A. 以附赠礼品方式吸引投资违反《中华人民共和国反

① 答案：D。

不正当竞争法》

笔记区

B. 以附赠礼品方式吸引投资违反《中华人民共和国消费者权益保护法》

C. 吸引投资者投资项目不能进行公开宣传

D. 公开宣传投资项目并承诺回报的应当经过金融许可

笔记区

37. 把钱存到村里的“经营能手”那里可靠吗?

案例

20世纪80年代,孙某在村里办起养鸡场;经过多年经营,企业初具规模,孙某被评为省“养殖状元”。但限于养殖企业为民营企业的原因,难以从银行等金融机构获得贷款以支持企业发展,孙某便开始向企业职工、本村村民募集资金,并逐渐扩展到向附近多个自然村村民集资。其中,2000年1月至2003年5月,养殖企业以高于银行同期存款利率的方式向企业职工、村民吸收存款1600余笔,累计金额1300余万元。养殖企业向出借人出具“借款凭证”或“借据”。案发前,该养殖企业尚能正常清偿所借款项;案发后,政府工作组进驻该养殖企业,完成了清理清退公众集资的工作。

在交通不便、银行等储蓄网点较少的农村地区,将闲置资金借给村内的“经营能手”或“明星企业”,会有什么风险吗?

法律分析

养殖企业及孙某的行为仍然是非法集资行为,尽管其吸收资金主要用于正常的生产经营活动,并在后续完成集

笔记区

资清理清退工作,但集资行为部分针对企业内的特定对象,同时也向多个村的村民集资,构成向社会公众集资的情形。

从出借人角度,即使将资金借给本村“经营能手”或“明星企业”,仍有较大风险:首先,出借人缺乏能力了解借款人的经营状况和偿债能力,不仅不知道借款企业的营业收入、账户资金等情况,也不了解借款企业对外负债的情况,出借款项有风险;其次,出借人也未要求借款人提供担保等措施以减少风险。因此,如果借款企业因经营或市场情况变化而缺乏还款能力,将造成众多出借人的财产损失。基于此,村民要避免仅凭对借款企业的初步了解甚至传言而决定借款。

知识链接

最高人民法院《关于审理非法集资刑事案件具体应用法律若干问题的解释》

第一条第二款 未向社会公开宣传,在亲友或者单位内部针对特定对象吸收资金的,不属于非法吸收或者变相吸收公众存款。

第六条第二款 非法吸收或者变相吸收公众存款,主要用于正常的生产经营活动,能够在提起公诉前清退所吸收资金,可以免予刑事处罚;情节显著轻微危害不大的,不

笔记区

作为犯罪处理。

纠纷解决技巧

尽管将资金借贷给“经营能手”或“明星企业”能获得相对银行存款利率较高的利息回报。但是：第一，此种做法存在企业或个人借款人无力清偿本金、利息的风险，而将资金存储于银行等金融机构，因金融机构受严格的金融监管及国家对银行金融机构破产的慎重态度，发生金融机构储蓄存款违约的情形极其罕见。第二，即使商业银行破产，受存款保险制度的保障，存款人将在最高限额 50 万元的范围内获得限额偿付。

试题

非法吸收公众存款，主要用于正常生产经营活动，能够在提起公诉前清退所吸收资金的，在刑事审判中可以（　　）。[①]

A. 从轻处罚

B. 减轻处罚

C. 免予刑事处罚

D. 不作为犯罪处理

---

① 答案：C。

笔记区

▶ 38. 不法分子是如何用“以房养老”名义实施欺诈的?

案例

陈某夫妇为安排自身养老事宜前往甲公司养老公寓考察。考察期间,甲公司工作人员向陈某夫妇推荐一款“以房养老”服务,即陈某夫妇可将名下房产抵押给金融机构获得贷款,款项由甲公司的专业管理团队打理,保证可获得年化6%的收益率;参加“以房养老”项目的业主,可优先获得入住养老公寓的权利。陈某夫妇盘算,如果将其住房抵押后获得的资金交给甲公司打理,预期收益在覆盖养老费用后尚有剩余,感觉非常划算,遂决定购买该服务。

3天后,甲公司业务员约陈某夫妇到某公证处签订合同。由于签合同时快到公证处中午休息时间,甲公司业务员不断催促签字;陈某未细看合同,便签字并完成了公证手续。紧接着,业务员又带领陈某前往不动产登记中心,在业务员指引下陈某完成了抵押房屋登记,将房屋抵押给小额贷款公司。此后,陈某收到抵押款,与业务员联系后转至与甲公司有关联的账户。当问及为何不直接转至甲公司账户时,业务员解释是财务要求。

陈某收到两期“以房养老”服务收益后,甲公司因涉嫌

笔记区

非法集资被立案调查。目前，陈某身处房屋被抵押，但抵押资金被甲公司卷走，还需偿还小额贷款本息债务的窘迫境地。

法律分析

“以房养老”是“老年人住房反向抵押养老保险”的俗称。按照目前我国开展试点的做法，老年人将其所有的房屋抵押给保险公司，按照约定领取养老金至身故；老年人生前可以继续占有、使用、收益和经抵押权人同意处置房屋，身故后保险公司获得抵押房产处置权，处置所得优先偿付养老保险的相关费用。本质上，“以房养老”是一款终身养老年金保险，老年人通过将住房抵押而不必在身前交付年金保险费，在其身故后通过处置抵押房产一次性偿付即可。应当特别注意，当前开展正规“以房养老”服务的主体，是获得相应资格的保险公司或商业银行，而非所谓的各种民间养老机构或养老项目。

鉴于“以房养老”涉及房产抵押、终身养老年金等诸多事项，交易结构较复杂，且为新生事物，因而容易为不法分子借用此名义从事非法集资或诈骗等违法犯罪活动，严重损害老年人的权益。因此，近年来中国银行保险监督管理委员会及地方金融监管部门多次出台风险提示，提醒老年朋友注意防范风险。

笔记区

知识链接

国务院办公厅《关于推进养老服务发展的意见》 四、扩大养老服务消费

……

(十五)发展养老普惠金融。支持商业保险机构在地级以上城市开展老年人住房反向抵押养老保险业务……

原中国保险监督管理委员会《关于开展老年人住房反向抵押养老保险试点的指导意见》 ……反向抵押养老保险是一种将住房抵押与终身养老年金保险相结合的创新型商业养老保险业务,即拥有房屋完全产权的老年人,将其房产抵押给保险公司,继续拥有房屋占有、使用、收益和经抵押权人同意的处置权,并按照约定条件领取养老金直至身故;老年人身故后,保险公司获得抵押房产处置权,处置所得将优先用于偿付养老保险相关费用……

纠纷解决技巧

“法律明白人”在宣传如何防范不法分子利用“以房养老”名义从事非法集资时,可以从以下方面作提示:

第一,开展“以房养老”试点的主体是保险公司,少量商业银行也开展此类业务。老年人可以向保险公司或商业银行官方客服电话核实,或者向当地金融管监管部门咨询核实相关机构是否有资质开展“以房养老”服务。

笔记区

第二，不法分子利用“以房养老”从事非法集资常有下列反常操作：要求将房屋抵押给第三方机构，并将抵押贷款转至不法分子指定账户；虚假宣传，承诺给予高利息或者优厚养老条件等回报；口头承诺，或在签订合同、办理抵押登记和公证手续时催促签字，不让老年人看清并了解合同的内容。如果遇到上述情况，老年朋友一定要提高警觉，跟家人协商，或者向居民委员会、村民委员会、派出所、当地金融监管机构等部门咨询。

试题

我国为推进养老服务发展而推出的“以房养老”业务，业务本质是（　　）。[①]

A. 抵押贷款

B. 民间借贷

C. 房屋继承

D. 养老年金保险

---

① 答案：D。

笔记区

▶ 39."养老床位"为何变成了非法集资骗局?

案例

2014年6月,王某向张阿姨推销"养老床位"。投资6万元可预订养老院床位一个,既可自用或给亲友使用,也可以委托公司转租,公司保证委托人获得不低于一定比例的租金收益。张阿姨支付6万元购买了一个"养老床位"并委托甲公司出租。2015年夏,在约定支付"养老床位"委托出租收益日期届满之后,张阿姨一直没收到甲公司承诺的收益。张阿姨到甲公司办公地点,发现该公司已人去楼空。

经公安机关查明,甲公司涉嫌虚假宣传,所谓"公司实力雄厚,经营多个养老产业园"纯属编造;在某地投资经营的养老院,实为通过租赁第三方场地从事养老活动,但未取得合法资质;募集预订"养老床位"资金并未用于养老院的建设和经营。

法律分析

近年来,利用养老名义从事非法集资的骗局逐渐增多,这是我国社会老龄化趋势下非法集资形式的新发类型。在实践中出现以"会员费""预付卡""投资养老床位或公寓"等

笔记区

名义的宣传,都可能涉嫌非法集资。此种违法活动经精心设计,对老年朋友具有一定的误导性:通过公开宣传"老年社会到来"制造焦虑情绪,通过宣传政府支持养老产业和项目的政府背景来包装投资项目的可靠性,通过"聊家常"等方式增加老年人对销售人员的信任,通过组织"老年团游"、赠送礼品、"免费体检"等方式增强好感,组织听课进行销售宣传等。利用老年人认知能力偏弱的特点,加之承诺给予一定的回报,吸引老年人投资养老产业,但所募集资金并未实际投入养老经营,反而将资金挪为他用,最终可能导致因资金缺口而无法保障承诺的养老服务或投资回报的实现。

知识链接

最高人民法院《关于审理非法集资刑事案件具体应用法律若干问题的解释》第二条第十项 实施下列行为之一,符合本解释第一条第一款规定的条件的,应当依照刑法第一百七十六条的规定,以非法吸收公众存款罪定罪处罚:

(十)以提供"养老服务"、投资"养老项目"、销售"老年产品"等方式非法吸收资金的;

全国老龄工作委员会、公安部、民政部等四部门《关于养老领域非法集资的风险提示》 一、养老领域的非法集资表现形式

1. 以提供"养老服务"为名非法集资。一些机构明显

笔记区

超过床位供给能力承诺服务，以办理“贵宾卡”“会员卡”“预付卡”、预交“养老服务费用”等名义，以向会员收取高额会员费、保证金或者为会员卡充值等形式非法集资。

2. 以投资“养老项目”为名非法集资。一些机构或企业打着投资、加盟、入股养生养老基地，以销售虚构的养老公寓或者以长期出租养老床位、销售养老公寓使用权等名义，通过返本销售、售后返租、约定回购、承诺高额利息、“私募基金”等形式非法集资。

3. 以销售“老年产品”为名非法集资。一些企业不具有销售商品的真实内容或者不以销售商品为主要目的，采取商品回购、寄存代售、消费返利、免费体检、免费旅游、赠送礼品、会议营销、养生讲座、专家义诊等方式欺骗、诱导老年群体，实施非法集资的行为。

4. 以宣称“以房养老”为名非法集资。一些企业以非法占有为目的，打着“以房养老”的旗号，通过召开推介会、社区宣传等方式，诱使老年人签订“借贷”或者变相“借贷”“抵押”“担保”等相关协议，抵押房屋以获得出借资金，再将资金购买其“理财产品”并承诺给付高额利息等进行非法集资。

纠纷解决技巧

老龄化社会的到来，养老问题备受关注；老年人有一

笔记区

定的养老积蓄，但交往和认知能力下降，容易成为各种非法集资骗局的被害人。为防止上当受骗，“法律明白人”在宣传中需提醒老年朋友注意：(1)面对家人以外的人推荐的养老产品或养老投资，尤其是有大额资金支出的情形，应当与家人协商，必要时可以向市场监管部门、民政部门等政府部门或专业机构咨询。(2)切勿为各种高投资回报所利诱，避免“本想要高收益，结果没了本金”。(3)如有资金投资需求，应选择正规金融机构，结合自身风险承受能力等状况，选择适当的金融产品。(4)注意学习金融风险防范知识，了解常见的非法金融活动的表现形式和“套路”，增强金融风险防范意识。(5)如遇非法集资活动，及时向居民委员会、村民委员会或派出所报案，有助于妥善解决问题。

试题

老年人在购买金融产品投资时应当注意防范风险防范。下列做法中，不推荐的是(　　)。①

A. 选择正规金融机构

B. 听取熟人的投资建议

C. 接受风险承受能力测试

D. 选择与自身风险承受能力相适应的金融该产品

① 答案：B。

笔记区

40."网红"宣传的投资项目能信吗?

案例

2015年3月至11月,财经"网红"廖某通过控制其本人及他人的13个证券账户,操纵39只股票共46次。操纵方式包括在其个人微博、博客栏目视频中公开评价、推荐涉案股票,在推荐之前使用其控制的账户买入相关股票,并在公开推荐之后的一段时间内集中卖出相关股票,从中获取违法所得4300余万元。

经中国证券监督管理委员会立案调查,根据廖某的违法事实、情节、社会危害程度,决定没收廖某的违法所得,并处违法所得两倍的罚款。廖某被中国证券监督管理委员会处罚后,有投资者咨询律师,称其因信任廖某的荐股信息,购买股票后受到损失,要求廖某赔偿其损失。该投资者的诉求能得到人民法院的支持吗?

法律分析

这种"网红"荐股或推荐投资项目的"套路"隐藏诸多风险:一种"套路"是荐股人利用其知名度推荐股票,同时通过本人或他人账户买卖所推荐的股票获利,构成典型的操纵市场行为;另一种"套路"是单纯为他人金融产品或投

笔记区

资项目代言以赚取代言费，自身并未实际投资，也不了解项目的实际情况，代言中存在虚假陈述。

在本案中，廖某通过网络、讲座等方式评价、推荐股票，在推荐之前买入被推荐股票，待推荐之后再行卖出，从中赚取收益，构成操纵市场行为，应当处以行政处罚并赔偿投资者损失。

根据目前的法律规定与司法实践，投资者请求廖某赔偿因荐股等操纵市场行为造成的损失，比较复杂。因为即使有监管部门认定廖某从事了操纵市场的证券违法行为，但还需证明投资者是因为相信廖某所荐股票而购买了相关股票，并且需证明其损失是因操纵市场行为造成的，而非证券市场、上市公司等其他因素造成。其中，涉及操纵市场民事责任中行为因果关系、损失因果关系的证明。从证券民事诉讼角度考虑，如果投资者能留存荐股的聊天记录等信息，或许有一定的作用。当然，投资者应当知晓，《中华人民共和国证券法》规定，从事证券投资咨询服务业务应当经过中国证券监督管理委员会的核准。因此，防范风险的最根本方式是，切勿轻信非法荐股、场外配资等，以防止上当受骗。

知识链接

《中华人民共和国证券法》

第五十五条第二款 操纵证券市场行为给投资者造

笔记区

成损失的,应当依法承担赔偿责任。

第五十六条第四款 编造、传播虚假信息或者误导性信息,扰乱证券市场,给投资者造成损失的,应当依法承担赔偿责任。

《中华人民共和国广告法》

第二条第五款 本法所称广告代言人,是指广告主以外的,在广告中以自己的名义或者形象对商品、服务作推荐、证明的自然人、法人或者其他组织。

第五十六条第三款 前款规定以外的商品或者服务的虚假广告,造成消费者损害的,其广告经营者、广告发布者、广告代言人,明知或者应知广告虚假仍设计、制作、代理、发布或者作推荐、证明的,应当与广告主承担连带责任。

中国人民银行、中国银行保险监督管理委员会、中国证券监督管理委员会等四部门《关于进一步规范金融营销宣传行为的通知》 一、金融营销宣传资质要求

……金融营销宣传是金融经营活动的重要环节,未取得相应金融业务资质的市场经营主体,不得开展与该金融业务相关的营销宣传活动。但信息发布平台、传播媒介等依法接受取得金融业务资质的金融产品或金融服务经营者的委托,为其开展金融营销宣传活动的除外。

笔记区

纠纷解决技巧

金融消费者选择金融产品时，应当关注机构、产品和投资人本身，通过分析证券相关报告或金融产品合同、说明等信息，来判断和决策是否投资；切记避免通过荐股、所谓“内部信息”或是广告代言人推荐金融产品等方式对选择金融产品产生过度影响。

中国银行保险监督管理委员会在《关于警惕明星代言金融该产品风险的提示》中提出“三看一防止”：看机构是否取得相应资质；看产品是否符合自身需求和风险承受能力；看收益是否合理；防止过度借贷。

金融消费者不能直接依推荐决定是否投资。“法律明白人”可建议村民作为金融消费者选择金融产品时，关注产品本身，减少“网红”代言对选择产品的影响。

试题

根据《中华人民共和国广告法》，广告代言人代言金融产品时存在虚假广告的情形，其民事责任的归责原则为（　　）。[①]

A. 过错原则　　B. 过错推定原则

C. 无过错原则　　D. 严格责任原则

---

① 答案：A。

笔记区

▶ 41.“大 V”推荐的虚拟货币能“暴富”吗?

案例

2018 年,苏某通过微信好友介绍加了一个炒“虚拟货币”的“牛人”陈某的微信。陈某告诉苏某,其通过渠道了解有人正筹备发售 A 虚拟货币,这种虚拟货币一经发售就会涨价,建议其在发售前先买入一部分。

陈某通过网络查询,并未找到 A 虚拟货币的信息,但在陈某朋友圈中,确实看到有关 A 虚拟货币的一些消息。加之苏某此前一直关注虚拟货币,最终以每个 2.1 元的价格购买了 1.5 万个 A 虚拟货币。正当陈某等待 A 虚拟货币在 2018 年 10 月 20 日正式发售时给其带来一笔不小收益之际,苏某发现自己被陈某“拉黑”了。

苏某向警方报案,公安机关立案侦查后,揭开了一个团伙骗局:董某等人利用某公司代理的虚拟货币合约平台,由董某负责日常管理,沈某、胡某等人负责管理业务员,利用社交网络账户伪装成币圈“高手”、网络“大 V”、虚拟货币“玩家”,相互配合,联系诸多被害人,通过发送虚拟货币合约策略、展示虚拟账号盈利等方式,骗取被害人的信任,引诱被害人进行交易。

经人民法院判决,董某等人因诈骗罪被判刑,犯罪所

笔记区

得按比例退还被害人。但最终被害人孙某仍自己承担了一部分损失。

法律分析

缺乏警惕心的公众，一方面，未能区分中国人民银行合法发行的数字人民币和不法分子发行、炒作的各色虚拟货币；另一方面，可能听说比特币等国外主流虚拟币巨额涨跌的情形，进而在不法分子劝诱下盲目进行虚拟货币交易，最终导致巨额财产损失。面对虚拟货币，为避免财产损失，须谨记以下要点：第一，比特币等虚拟货币不是真正意义上的货币，不能在市场上流通使用。第二，任何与代币或虚拟货币相关的活动，包括代币发行融资、兑换虚拟货币、买卖虚拟货币、为虚拟货币提供定价或信息中介服务等，都涉嫌违法。第三，投资代币或虚拟货币的行为，因违反公序良俗而无效；由此造成的损失，由当事人自行承担。

知识链接

中国人民银行、原中央网络安全和信息化领导小组办公室、工业和信息化部等七部门《关于防范代币发行融资风险的公告》 一、准确认识代币发行融资活动的本质属性

代币发行融资是指融资主体通过代币的违规发售、流

通，向投资者筹集比特币、以太币等所谓“虚拟货币”，本质上是一种未经批准非法公开融资的行为，涉嫌非法发售代币票券、非法发行证券以及非法集资、金融诈骗、传销等违法犯罪活动……

二、任何组织和个人不得非法从事代币发行融资活动

本公告发布之日起，各类代币发行融资活动应当立即停止……

三、加强代币融资交易平台的管理

本公告发布之日起，任何所谓的代币融资交易平台不得从事法定货币与代币、“虚拟货币”相互之间的兑换业务，不得买卖或作为中央对手方买卖代币或“虚拟货币”，不得为代币或“虚拟货币”提供定价、信息中介等服务……

中国人民银行、中央网络安全和信息化委员会办公室、最高人民法院等十部门《关于进一步防范和处置虚拟货币交易炒作风险的通知》 一、明确虚拟货币和相关业务活动本质属性

(一)虚拟货币不具有与法定货币等同的法律地位……

(二)虚拟货币相关业务活动属于非法金融活动……

(三)境外虚拟货币交易所通过互联网向我国境内居民提供服务同样属于非法金融活动……

(四)参与虚拟货币投资交易活动存在法律风险。任

笔记区

何法人、非法人组织和自然人投资虚拟货币及相关衍生品，违背公序良俗的，相关民事法律行为无效，由此引发的损失由其自行承担；涉嫌破坏金融秩序、危害金融安全的，由相关部门依法查处。

中国互联网金融协会、中国银行业协会、中国支付清算协会《关于防范虚拟货币交易炒作风险的公告》 三、消费者要提高风险防范意识，谨防财产和权益损失

虚拟货币无真实价值支撑，价格极易被操纵，相关投机交易活动存在虚假资产风险、经营失败风险、投资炒作风险等多重风险。从我国现有司法实践看，虚拟货币交易合同不受法律保护，投资交易造成的后果和引发的损失由相关方自行承担。

广大消费者要增强风险意识，树立正确的投资理念，不参与虚拟货币交易炒作活动，谨防个人财产及权益受损。要珍惜个人银行账户，不用于虚拟货币账户充值和提现、购买和销售相关交易充值码以及划转相关交易资金等活动，防止违法使用和个人信息泄露。

纠纷解决技巧

有些不法分子自己发售虚拟货币，建立交易平台，通过虚假宣传吸引投资者，但非常容易形成操纵币值、无法退出、平台关闭“跑路”等情形。有些不法分子虽不自行发

笔记区

币,但建立虚拟货币交易平台,通过虚假宣传吸引投资者开设账户“炒币”,或者通过收取交易费赚钱,投资者投入平台账户用于“炒币”的资金也可能面临被卷走的风险。此外,这些平台创建者或虚拟货币交易组织者,往往会招揽人员,通过将其塑造成网络“大 V”、币圈“高手”等形象,使用网络社交平台或工具进行虚假宣传,利用投资者希望“暴富”的心情而实施诈骗等违法犯罪行为。因此,投资人需多多关注虚拟货币投资的骗局,远离币圈投资,禁绝炒作虚拟货币。

试题

当事人在我国境内从事的下列交易中,合法的是(　　)。①

A. 买卖虚拟货币　　B. 虚拟货币兑换人民币

C. 发行数字人民币　D. 发行虚拟货币

① 答案:C。

笔记区

42. 可否将钱存于农民专业合作社?

案例

2015年8月,陈某与其他4人共同出资,成立甲农民专业合作社,由陈某担任法定代表人,并以农村资金互助合作社的形式开展吸收存款、发放贷款的业务。陈某将吸收的存款用于维持甲农民专业合作社及其自己经营的乙有限公司的运营。其间,共有20余人在甲农民专业合作社存款,总计200余万元。

经人举报,陈某犯擅自设立金融机构罪被判刑,并被责令返还吸收的存款。

法律分析

我国金融监管法律明确规定,除金融监管机关批准依法办理储蓄业务的机构外,任何单位和个人不得办理储蓄业务。这是为了防止未经批准高息揽储行为的发生,以切实保护储户利益、维护金融秩序。

农民专业合作社,是指在农村家庭承包经营的基础上,农产品的生产经营者或者农业生产经营服务的提供者、利用者,自愿联合、民主管理的互助性经济组织。该组织的功能是从事农业生产经营相关的互助活动,并未经过吸收存款、发放贷款的金融许可。因此,如果有农民专业合作社声称可以办理储蓄业务或贷款业务,应当是违法的。农民朋友也应当提高警惕,不能将资金存入农民专业合作社以获取高息,知晓相关情况的应当向当地政府或金融监管部门及时举报。

知识链接

《中华人民共和国刑法》第一百七十四条第一款 未经国家有关主管部门批准,擅自设立商业银行、证券交易所、期货交易所、证券公司、期货经纪公司、保险公司或者其他金融机构的,处三年以下有期徒刑或者拘役,并处或者单处二万元以上二十万元以下罚金;情节严重的,处三年以上十年以下有期徒刑,并处五万元以上五十万元以下罚金。

国务院《储蓄管理条例》

第四条 本条例所称储蓄机构是指经中国人民银行或其分支机构批准,各银行、信用合作社办理储蓄业务的机构,以及邮政企业依法办理储蓄业务的机构。

第八条 除储蓄机构外,任何单位和个人不得办理储蓄业务。

纠纷解决技巧

办理储蓄或其他金融业务,应当辨明是否为正规金融

笔记区

机构,是否已经过办理相关金融业务的许可。具体方法包括:查询银行保险机构许可证,了解其中记载的业务范围内容,或者向当地金融监管部门咨询。遇到以送礼品、高利息回报等方式揽储的情况,应当提高警惕,切勿因贪图小便宜而陷入非法金融活动的陷阱。如遇非法金融活动损害,应当及时报警或向村民委员会、居民委员会等组织反映情况、寻求帮助,切勿私了,以免再度上当受骗。

试题

农民专业合作社不得从事的业务是(　　)。[1]

A. 农业生产资料购买　　B. 农产品加工

C. 农业生产技术培训　　D. 发放农业贷款

① 答案:D。

笔记区

43. 投资绿色生态农业，怎么就遭遇集资诈骗了？

案例

2013年4月，曾某的父亲与他人合伙成立甲种植专业合作社。2013年7月，曾某成立乙农业科技公司，招聘陈某、邓某等人为公司财务、业务人员。通过使用假名对外宣传公司，针对老年人，以给予年息14%～16%的高回报为手段，共吸收被害人款项140余万元。

乙农业科技公司宣传甲种植专业合作社的基地种植有火龙果等水果，发展绿色生态农业，邀请公众参与投资，期限为1年，按月支付14%～16%的年息。投资资金交给乙农业科技公司后，以甲种植专业合作社名义开具收款收据，盖有甲种植专业合作社财务专用章，并签订《甲种植专业合作社借款协议》。曾某将吸收公众存款额的36%给予邓某，其他业务员在底薪800元的基础上以吸收公众存款额的5%～8%发放提成。截至案发，甲种植专业合作社未产生经营收益，曾某用于收取投资款的账户中仅有3000余元，邓某则携款潜逃。

法律分析

本案属于典型的非法集资刑事案件。首先，业务员以

笔记区

借款投资甲种植专业合作社经营的名义吸收资金;公开宣传项目信息;承诺给予年息 14% ~16% 的高额回报;吸收不特定社会公众,特别是老年人的资金。具备上述要素,即构成了非法吸收公众存款罪。

其次,曾某、曾某的父亲及邓某等人,存在未将集资款项用于种植生产经营活动、挥霍集资款项或携带集资款逃匿等行为,具有"非法占有目的",构成集资诈骗罪。

知识链接

国务院《防范和处置非法集资条例》第十七条 居民委员会、村民委员会发现所在区域有涉嫌非法集资行为的,应当向当地人民政府、处置非法集资牵头部门或者其他有关部门报告。

最高人民法院《关于审理非法集资刑事案件具体应用法律若干问题的解释》第二条第三项 实施下列行为之一,符合本解释第一条第一款规定的条件的,应当依照刑法第一百七十六条的规定,以非法吸收公众存款罪定罪处罚:

(三)以代种植(养殖)、租种植(养殖)、联合种植(养殖)等方式非法吸收资金的;

纠纷解决技巧

农村地区或农业领域的非法集资具有一定的特点:集资项目既可能是种植、养殖等农业项目,也可能是养老服务、入股入社等，在近年来互联网和数字产业的发展背景下，年轻人还可能通过互联网参与到以虚拟货币、委托理财等为名义的非法集资活动当中。同时，不同程度存在对投资或借贷项目进行夸大、虚假宣传，通过“获奖证书”“政府支持”等方式骗取信任等情形。

但是，各种集资形式背后，都存在以高利息、赠实物等方式给予高额回报，未经许可即吸收资金的基本操作。因此，面对各类集资活动，应掌握判断集资行为是否合法的最基本知识，即经金融监管机关的许可。

农村地区容易通过亲友介绍、拉拢等方式，不断扩大集资参与的规模。因此，即使对亲朋介绍的“好项目”，也需独立、审慎判断。同时，鉴于农村地区金融监管机构覆盖不到位、金融机构服务网点较少等情况，县乡地方政府和农村基层组织要加强防范非法集资的宣传教育，将不法行为扼杀在萌芽阶段。

试题

农民专业合作社非法集资后，未将资金用于生产经营活动，而是肆意挥霍集资款以致不能偿还的，构成(　　)。[①]

A. 非法吸收公众存款罪　　B. 集资诈骗罪

C. 擅自设立金融机构罪　　D. 挪用资金罪

---

① 答案：B。

笔记区

44. 邀请亲友考察“纯资本运作”项目，还能赚“介绍费”，可行吗？

案例

赵某经人介绍加入“纯资本运作”传销组织。该组织宣传“纯资本运作”系西部大开发项目、国家扶持定点，邀请亲友到项目地考察，以高额回报为吸引手段，通过申购虚拟份额加入“纯资本运作”项目，形成上下级传销网络关系。在该传销网络关系中，上线人员对下线人员缴纳的申购款按固定方式分取，每名参加者最多可发展3名下线人员，每名人员最多可申购21份虚拟份额，第一份为3800元，第二份起每份3300元。

赵某加入该传销组织后发展了朱某、雷某、王某3人，并最终晋升为“老总”。由于其下线不断发展新成员，最终其下线发展人员达120人。至案发，公安机关冻结赵某名下两个银行账户内的违法所得资金达90余万元。经人民法院审判，赵某最终被判处组织、领导传销活动罪。

法律分析

违法传销行为也涉及资金汇集，其与其他类型的非法集资活动的主要差别在于：传销行为存在发展下线人员、

笔记区

创设人员层级的现象，上线人员的报酬来源主要依靠下线人员缴纳的资金。传销行为不仅损害参与传销者的财产利益，而且会扰乱市场秩序和金融秩序，甚至影响社会稳定，具有严重的危害后果。因此，我国严格禁止传销行为，在国务院《禁止传销条例》中通过概括加列举的方式界定传销行为，主要包括“拉人头”传销、骗取入门费的传销和团队计酬式传销3种形式，以区别于合法的直销行为。此外，进行传销行为构成犯罪的，应当追究其组织、领导传销活动罪的刑事责任。

知识链接

《中华人民共和国刑法》第二百二十四条之一　组织、领导以推销商品、提供服务等经营活动为名，要求参加者以缴纳费用或者购买商品、服务等方式获得加入资格，并按照一定顺序组成层级，直接或者间接以发展人员的数量作为计酬或者返利依据，引诱、胁迫参加者继续发展他人参加，骗取财物，扰乱经济社会秩序的传销活动的，处五年以下有期徒刑或者拘役，并处罚金；情节严重的，处五年以上有期徒刑，并处罚金。

国务院《禁止传销条例》

第二条　本条例所称传销，是指组织者或者经营者发展人员，通过对被发展人员以其直接或者间接发展的人员

笔记区

数量或者销售业绩为依据计算和给付报酬,或者要求被发展人员以交纳一定费用为条件取得加入资格等方式牟取非法利益,扰乱经济秩序,影响社会稳定的行为。

第七条 下列行为,属于传销行为:

(一)组织者或者经营者通过发展人员,要求被发展人员发展其他人员加入,对发展的人员以其直接或者间接滚动发展的人员数量为依据计算和给付报酬(包括物质奖励和其他经济利益,下同),牟取非法利益的;

(二)组织者或者经营者通过发展人员,要求被发展人员交纳费用或者以认购商品等方式变相交纳费用,取得加入或者发展其他人员加入的资格,牟取非法利益的;

(三)组织者或者经营者通过发展人员,要求被发展人员发展其他人员加入,形成上下线关系,并以下线的销售业绩为依据计算和给付上线报酬,牟取非法利益的。

纠纷解决技巧

在实践中,公众缺乏专业知识区分违法传销与合法直销行为,不仅可能因陷入违法传销行为而损失了财产,而且可能无意中助长了违法传销行为。因此,区分违法传销与合法直销行为,明白合法与违法的界限,是保护自身权益的关键。简单的判断标准是:从事合法直销行为的企业及其分支机构的设立、变更都需经依法批准,由商务部颁

笔记区

发直销经营许可证。如果缺乏审批、无法出示直销经营许可证的，则往往是违法传销行为。公众可通过商务部业务系统统一平台或国家市场监督管理总局政务服务平台查询直销企业的名称及其服务网点。

如果发现违法传销行为，可向公安部门、国家市场监管部门举报。如果身陷传销组织，在确保自身安全的条件下，耐心寻求脱身机会，如可通过传递纸条、发送信号等方式请求他人报案或提供帮助，也可趁传销组织要求与家人联系交钱时暗示家人报警。

试题

在下列情形中，不属于违法传销行为的是（　　）。[1]

A. 发展人员，要求下线人员缴纳入会费

B. 发展人员，要求下线人员认购商品而变相缴纳费用

C. 发展人员形成上下线关系，以下线销售业绩给上线计酬

D. 销售人员在固定营业场所外向消费者推销产品

① 答案：D。

笔记区

45.投资纪念币等收藏品的风险有多大?

案例

刘某指示销售人员通过打电话、发短信等形式,以甲收藏品公司名义推销纪念币等收藏品,并承诺一定时间后高价回购收藏品。甲收藏品公司与不少“收藏品投资人”签订协议,共吸收36人的资金,共计170余万元。案发后,刘某如实供述犯罪事实,并积极退赃。人民法院判决刘某犯非法吸收公众存款罪,并依法对其减轻处罚。

法律分析

在实践中,采用宣传部分商品具有收藏价值、能够转售获利、承诺高利回购等方式,来实现非法吸收资金目的的非法集资活动,是比较常见的。此种类型的活动通常会在签订销售商品合同的同时,签订高价回购商品合同,还可能包含商品寄存、代售等委托合同。系列合同的目的是让购买者相信其购买商品后能通过该商品的增值而转售他人,以从中获利。因此,购买者并非真正希望购买商品,而是希望投资获利;销售者并非希望销售商品,而是借销售商品之名实现吸收资金的目的。

上述区分能将利用商品销售方式进行的非法集资活

笔记区

动与正常的商品销售活动进行区分,即非法集资活动具有利诱性的特点,即承诺在一定期限内还本付息或者给付回报。

知识链接

最高人民法院《关于审理非法集资刑事案件具体应用法律若干问题的解释》第二条第四项 实施下列行为之一,符合本解释第一条第一款规定的条件的,应当依照刑法第一百七十六条的规定,以非法吸收公众存款罪定罪处罚:

(四)不具有销售商品、提供服务的真实内容或者不以销售商品、提供服务为主要目的,以商品回购、寄存代售等方式非法吸收资金的;

纠纷解决技巧

非法集资活动的对象,以老年人为主,利用其对纪念币等商品价值以及交易市场行情缺乏知识的特点,进行虚假宣传、利诱投资。

为避免遭遇此种非法集资行为的损害,关键是认清购买收藏品的真正价值。如需购买,则应事前了解收藏品的相关知识,包括收藏品的价值、市场交易价格以及活跃度等信息。购买时应审慎判断收藏品的真实性,并排除转售高利宣传等因素的影响,以避免上当受骗。

笔记区

试题

购买收藏品与利用收藏品销售从事非法集资活动的区别在于(　　)。[1]

A. 买卖的收藏品种类不同

B. 是否承诺转售获得增值收益

C. 是否具有收藏收藏品的资质

D. 是否签订收藏品买卖合同

① 答案:B。

笔记区

▶ 46. 捡到的信用卡能随便使用吗?

案例

2020年1月,张某捡到一钱包,内有詹某的银行卡一张。看到银行卡背面写有密码,张某尝试通过自动取款机取款,一次性取走卡内存款2万元。

失主詹某发现银行卡账户内存款被他人取走,便立即报案。公安机关调取自动取款机网点内和附近视频监控资料,很快找到了张某。张某如实供述了自己的行为,其亲属退还了2万元,并取得被害人詹某的谅解。

人民检察院以信用卡诈骗罪起诉张某。张某如实供述了自己的罪行,依法可以从轻处罚;自愿认罪认罚,依法可以从宽处理;张某亲属赔偿被害人的损失并取得了被害人的谅解,可以酌情从轻处罚。人民法院判处张某有期徒刑1年零6个月,缓刑2年,并处罚金3万元。

法律分析

在本案中,张某的行为构成信用卡诈骗罪,而非盗窃罪。因为张某并未盗窃信用卡,而是拾得詹某的银行卡后使用了该银行卡。这种冒用行为,不仅损害了詹某的财产权利,而且损害了金融管理秩序,比盗窃罪单纯侵犯公民

笔记区

财产权的情形具有更大的社会危害性。

需要注意的是，如果是盗窃信用卡，并使用信用卡进行盗刷、提现等的，构成盗窃罪。如果采用非法方式获取他人信用卡信息，并在互联网、通信终端如电脑或手机上使用的，构成信用卡诈骗罪。

在本案中，张某的行为可能在部分人看来是一件贪小便宜的“小事”，但在法治社会中，任何违法犯罪行为都会被制裁，切莫心存侥幸。最终，张某不仅由亲属返还了2万元，被判刑外，还被处以罚金3万元，着实是得不偿失。

知识链接

《中华人民共和国刑法》第一百九十六条 有下列情形之一，进行信用卡诈骗活动，数额较大的，处五年以下有期徒刑或者拘役，并处二万元以上二十万元以下罚金；数额巨大或者有其他严重情节的，处五年以上十年以下有期徒刑，并处五万元以上五十万元以下罚金；数额特别巨大或者有其他特别严重情节的，处十年以上有期徒刑或者无期徒刑，并处五万元以上五十万元以下罚金或者没收财产：

（一）使用伪造的信用卡，或者使用以虚假的身份证明骗领的信用卡的；

（二）使用作废的信用卡的；

笔记区

(三)冒用他人信用卡的;

(四)恶意透支的。

前款所称恶意透支,是指持卡人以非法占有为目的,超过规定限额或者规定期限透支,并且经发卡银行催收后仍不归还的行为。

盗窃信用卡并使用的,依照本法第二百六十四条的规定定罪处罚。

全国人民代表大会常务委员会《关于〈中华人民共和国刑法〉有关信用卡规定的解释》 刑法规定的"信用卡",是指由商业银行或者其他金融机构发行的具有消费支付、信用贷款、转账结算、存取现金等全部功能或者部分功能的电子支付卡。

纠纷解决技巧

有人担心遗忘银行卡密码,因此将密码写在银行卡背面,看似方便,实则埋下了银行卡丢失后账户资金被人盗取的财产损失风险。银行卡持卡人应当注意:第一,妥善保管好自己的银行卡;发现银行卡丢失后应立即拨打银行客服热线进行挂失。第二,保管好银行卡密码信息。要避免使用个人或亲属的身份证号码、生日、电话号码或过于简单的数字如"123456"设置为密码;不轻易将密码告知他人,包括银行工作人员;使用密码时应防止他人窥视;不在

笔记区

银行卡、存折上书写密码，不在电脑、手机上存储账户及密码信息。

事实上，担心自己遗忘银行卡密码的另一重要方式是，避免拥有过多银行卡。要妥善管理银行卡，定期清理闲置银行卡。

试题

拾得他人银行卡并在自动取款机上提款1万元的行为（　　）。①

A. 不构成犯罪

B. 构成盗窃罪

C. 构成信用卡诈骗罪

D. 构成妨害信用卡管理罪

① 答案：C。

笔记区

▶ 47. 捡到手机后盗刷微信零钱,要承担什么法律责任?

案例

2020 年 7 月,郑某捡到王某遗忘的手机,回家试出手机微信支付密码,遂在家附近的多个超市消费近 3000 元。第二天,郑某谎称自己欠他人钱需要用现金还债,联系其微信好友吴某,使用捡到手机的微信向吴某转账 1.4 万余元,吴某将对应金额的现金交给郑某。2020 年 8 月,公安机关找到郑某后,郑某将捡到的手机及其盗刷、支现的钱款 1.7 万余元退还王某,并取得了王某的谅解。

经公诉机关起诉,人民法院判决,郑某犯盗窃罪,被判处有期徒刑 10 个月,缓刑 1 年,并处罚金 5000 元。

法律分析

郑某捡到手机,本应拾金不昧,不想其起贪念,破解微信支付密码,盗刷微信零钱数额较大。从盗窃金额角度考虑,原则上,盗窃公私财物价值应在 1000 元以上,由各高级人民法院、人民检察院根据本地情况确定具体的数额标准。在本案中,郑某盗窃、支现微信零钱 1.7 万余元,达到当地盗窃罪的起诉金额标准,构成盗窃罪。

笔记区

在实践中，如果盗窃公私财物价值尚未达到当地的盗窃罪金额标准，也并不意味着不会受到法律的制裁。因为盗窃行为不仅需赔偿失主的财产损失，也要依据《中华人民共和国治安管理处罚法》的相关规定，被处以拘留、罚款等行政处罚。

知识链接

《中华人民共和国民法典》第三百一十四条 拾得遗失物，应当返还权利人。拾得人应当及时通知权利人领取，或者送交公安等有关部门。

《中华人民共和国治安管理处罚法》第四十九条 盗窃、诈骗、哄抢、抢夺、敲诈勒索或者故意损毁公私财物的，处五日以上十日以下拘留，可以并处五百元以下罚款；情节较重的，处十日以上十五日以下拘留，可以并处一千元以下罚款。

《中华人民共和国刑法》第二百六十四条 盗窃公私财物，数额较大的，或者多次盗窃、入户盗窃、携带凶器盗窃、扒窃的，处三年以下有期徒刑、拘役或者管制，并处或者单处罚金；数额巨大或者有其他严重情节的，处三年以上十年以下有期徒刑，并处罚金；数额特别巨大或者有其他特别严重情节的，处十年以上有期徒刑或者无期徒刑，并处罚金或者没收财产。

笔记区

最高人民法院、最高人民检察院《关于办理盗窃刑事案件适用法律若干问题的解释》第一条第一款、第二款

盗窃公私财物价值一千元至三千元以上、三万元至十万元以上、三十万元至五十万元以上的，应当分别认定为刑法第二百六十四条规定的“数额较大”、“数额巨大”、“数额特别巨大”。

各省、自治区、直辖市高级人民法院、人民检察院可以根据本地区经济发展状况，并考虑社会治安状况，在前款规定的数额幅度内，确定本地区执行的具体数额标准，报最高人民法院、最高人民检察院批准。

纠纷解决技巧

智能手机在给用户带来各种便捷的同时，也保留了大量个人信息。智能手机上的各种 app 需验证用户身份，因此 app 中可能留有姓名、身份账号等个人信息。理论上，如果掌握了姓名、身份证号、银行卡号、手机号和验证码信息，就可能通过盗刷、转账、发红包、办理网络贷款等方法，侵犯他人的财产权。

“法律明白人”在宣传时可提醒村民注意：第一，高度重视对手机的保管，因为其中有大量的个人信息，丢失手机可能造成严重的财产或其他损失。第二，不要用手机存储重要的个人信息和隐私信息；防范使用过程中信息的泄

笔记区

露或被盗;设置必要的手机解锁密码和支付密码,以防止手机及支付工具被轻易破解。第三,事先了解手机丢失后的风险防范措施;丢失手机后第一时间联系电信服务商对SIM卡进行挂失(挂失手机号),对手机上绑定的银行卡进行挂失(拨打银行客服电话),关闭支付账号(拨打"95188"支付宝客服;拨打"95017"腾讯客服电话),通过电脑更改各种留过身份信息的app信息(如住宿、订票app)。

试题

个人应妥善保管个人信息,避免被不法分子非法获取后实施盗窃行为,损害个人财产。在下列个人信息中,不涉及支付业务常用的个人身份验证信息的是(　　)。①

A. 姓名　　　　B. 网络昵称

C. 身份证号　　D. 手机号码

① 答案:B。

笔记区

▶ 48. 银行卡能卖给他人吗?

案例

2018年5月,张某告知田某一个赚钱的办法:通过收购亲友新办理的电话卡、银行卡及U盾网银,每套电话卡、银行卡及信息可售卖500元。具体操作是先办理电话卡,再办理银行卡,并将预留联系方式设为新办理的电话号码,同时银行卡开通U盾网银程序。2018年6月起,田某开始在自己的同学、老乡、朋友中收购按上述程序办理的银行卡及信息,每套300元,并要求办理银行卡时按照其指示设置银行密码。很快,田某收到其亲友在农业银行、邮政储蓄银行等多家银行办理的银行卡15张。田某通过快递将上述15套银行卡、电话卡、U盾一起寄给张某,非法获利3000元。此后,有4张银行卡被用于诈骗作案。公安机关找到田某,查清田某犯罪事实后,移送起诉。

人民法院最终判决田某犯妨害信用卡管理罪,判处有期徒刑10个月,并处罚金1.5万元,追缴田某的违法犯罪所得。

笔记区

法律分析

通过银行账户转账是资金流转和支付的重要方式，而银行账户实名制则是保障资金安全、维护金融秩序和公共利益的重要制度。同时，账户实名制在遏制腐败、打击诈骗、反洗钱、防范逃避税收征管等方面都发挥着重要作用。

正因如此，田某非法持有他人的信用卡 15 张，并将信用卡及配套电话卡、U 盾等出售给他人，构成妨害信用卡管理罪。其行为不仅妨碍了金融监管秩序，而且这些违法出售的信用卡有可能被用于电信诈骗、网络赌博等其他违法犯罪活动，甚至可能用于危害国家安全等严重的犯罪活动。因此，切不可为贪图一时小利，为他人从事不法行为提供工具或机会。

知识链接

《中华人民共和国刑法》第一百七十七条之一　有下列情形之一，妨害信用卡管理的，处三年以下有期徒刑或者拘役，并处或者单处一万元以上十万元以下罚金；数量巨大或者有其他严重情节的，处三年以上十年以下有期徒刑，并处二万元以上二十万元以下罚金：

（一）明知是伪造的信用卡而持有、运输的，或者明知是伪造的空白信用卡而持有、运输，数量较大的；

（二）非法持有他人信用卡，数量较大的；

（三）使用虚假的身份证明骗领信用卡的；

（四）出售、购买、为他人提供伪造的信用卡或者以虚假的身份证明骗领的信用卡的。

窃取、收买或者非法提供他人信用卡信息资料的，依照前款规定处罚。

银行或者其他金融机构的工作人员利用职务上的便利，犯第二款罪的，从重处罚。

中国人民银行《银行卡业务管理办法》

第二十八条 个人申领银行卡（储值卡除外），应当向发卡银行提供公安部门规定的本人有效身份证件，经发卡银行审查合格后，为其开立记名帐户……

银行卡及其帐户只限经发卡银行批准的持卡人本人使用，不得出租和转借。

第六十一条 任何单位和个人有下列情形之一的，根据《中华人民共和国刑法》及相关法规进行处理：

（一）骗领、冒用信用卡的；

（二）伪造、变造银行卡的；

（三）恶意透支的；

（四）利用银行卡及其机具欺诈银行资金的。

笔记区

纠纷解决技巧

2000年国务院颁布《个人存款账户实名制规定》,以居民身份证系统为基础,建立储蓄存款实名制。2013年以来,工信部门大力推进电话用户实名制。这些举措对防范电信诈骗、肃清网络不法行为、促进移动支付安全保障、建设社会诚信体系等具有重要作用。

各种实名制的基础是用户依据身份证件信息设立、登记、使用、注销账户。因此,个人应当妥善保管好居民身份证、户口簿、护照等个人身份证件,如果遗失,应当及时按规定办理相关手续。此外,不得出借个人身份证件,也不得出借、出售、允许他人使用凭借个人身份证件申请注册的各种电话卡、银行卡、微信号等,避免他人冒用个人身份从事不法行为。

试题

下列行为中,不属于违法的是(　　)。[①]

A. 伪造信用卡　　B. 出售信用卡

C. 变造信用卡　　D. 挂失信用卡

① 答案:D。

笔记区

▶ 49. 信用卡借给他人使用，卡主需要还钱吗？

案例

2011 年，冯某向甲商业银行申领银行贷记卡一张，签署《甲商业银行××贷记卡申请表》一份。该申请表附有《甲商业银行××贷记卡领用合约（个人卡）》。此后，甲商业银行为冯某开通信用卡账户，冯某开始使用该信用卡。

截至 2015 年 2 月，冯某的上述信用卡欠本金 2.6 万余元、利息近 5000 元、滞纳金 1700 余元。经甲商业银行多次催收，冯某拒不还款，银行遂起诉到人民法院。

冯某反诉甲商业银行，认为银行从其名下其他账户中直接扣划退休金 3000 余元违法，并认为其不应当承担信用卡还款责任，理由是：涉案信用卡邮寄到家后冯某并未使用，此后有朋友来借钱，因为现金不够就将信用卡借给朋友李某。信用卡是李某在使用的，甲商业银行应当找李某还款。那么，冯某的信用卡借李某使用，冯某需要还款或承担什么责任吗？

法律分析

冯某申请的信用卡，与甲商业银行形成了银行卡服务

笔记区

合同关系。基于合同相对性，合同关系拘束合同当事人，冯某应当承担信用卡还款义务。冯某主张信用卡中的金钱支出为其朋友李某所为，但这并不免除冯某偿还信用卡欠款的责任。

同时，冯某申请信用卡时所签署的申请表及领用合约中记载如下条款：申领人未按期偿还欠款，甲商业银行有权止付申领人在甲商业银行开立的存款账户，有权从该存款账户中直接扣收或依法追索，因此而支出的费用均由申领人承担。据此，甲商业银行从冯某账户中划扣3000余元偿还信用卡欠款，符合约定；冯某的反诉理由并不成立。

知识链接

《中华人民共和国民法典》第五百七十七条 当事人一方不履行合同义务或者履行合同义务不符合约定的，应当承担继续履行、采取补救措施或者赔偿损失等违约责任。

最高人民法院《关于审理民间借贷案件适用法律若干问题的规定》第十三条第一项、第四项 具有下列情形之一的，人民法院应当认定民间借贷合同无效：

（一）套取金融机构贷款转贷的；

（四）出借人事先知道或者应当知道借款人借款用于违法犯罪活动仍然提供借款的；

笔记区

中国人民银行《银行卡业务管理办法》

第二十八条第三款　银行卡及其帐户只限经发卡银行批准的持卡人本人使用，不得出租和转借。

第五十九条　持卡人出租或转借其信用卡及其帐户的，发卡银行应当责令其改正，并对其处以1000元人民币以内的罚款（由发卡银行在申请表、领用合约等契约性文件中事先约定）。

纠纷解决技巧

“法律明白人”在宣传中可提醒村民注意：如果将自己申请的信用卡借给朋友使用，将面临多重风险和法律责任。

首先，信用卡申领人应当清偿信用卡欠款。无论申领人与借用人如何约定信用卡的还款责任，信用卡发卡银行必定找申领人承担还款责任。如果申领人不能按时还款，还可能影响其个人征信。

其次，申领人按照与借用人的约定，要求借用人向其偿还本金、利息及必要费用时，相应约定或合同可能因违法而无效，因为将信用卡转借他人使用的行为涉嫌“套取金融机构贷款转贷”。同时，借用人还有可能借用信用卡从事违法犯罪活动，如果申领人知晓，则属于“出借人事先知道或者应当知道借款人借款用于违法犯罪活动仍然提

笔记区

供借款”，也会导致合同无效。

此外，中国人民银行《银行卡业务管理办法》中对出借银行卡的行为规定了罚款责任。在刑事责任方面，如果明知借用人使用信用卡从事非法吸收公众存款、贪污贿赂、诈骗等犯罪行为，仍然出借银行卡，出借人会构成相应犯罪的共犯，并被判处相应的罪名；如果出借人并不知晓借用人将从事犯罪行为，但有证据证明其应当知道银行卡会被用于犯罪活动，则有可能构成掩饰、隐瞒犯罪所得、犯罪所得收益罪或者帮助信息网络犯罪活动罪等罪名。

因此，信用卡申领人务必要管理好自己的信用卡，避免申领过多的银行卡，对长期不用的银行卡进行及时清理；同时，切莫为“一时仗义”而将银行卡借给他人，避免给自己带来无法估量的风险。

试题

下列关于银行卡使用的说法正确的是（　　）。[①]

A. 个人申请的信用卡借给配偶使用是合法的

B. 银行卡只能本人使用，不得出借他人

C. 可以借朋友的银行卡使用，只要事后还钱即可

D. 捡到的银行卡刷少量的钱应该没事

---

① 答案：B。

笔记区

▶ 50. 银行卡被盗刷，商业银行有责任吗？

案例

2011 年，丁某在甲商业银行开立储蓄账户并领取储蓄卡。2015 年 1 月，丁某开通该卡的短信验证码转账功能，单日限额 20 万元。2015 年 9 月 16 日，丁某账户在 7 时 29 分、31 分和 35 分，使用短信验证码转账功能，分别向张某的银行卡转账 5 万元、5 万元和 4750 元。甲商业银行系统均将短信验证码发送至丁某手机上。7 时 49 分，丁某口头挂失银行卡，银行系统也向丁某手机发送短信告知口头挂失操作成功。9 时 33 分，丁某将该卡中剩余款项取出，更换新卡并开通短信通知功能。10 时许，丁某向公安机关报案。

公安机关事后查明，童某等犯罪分子通过非法渠道获取大量公民的个人信息数据，采用“撞号”手法尝试登录他人网银账户，通过一系列操作，修改短信助手业务功能，截取银行发送的转账验证码，将被害人银行卡中的存款转账后予以侵吞。尽管公安机关抓获童某等犯罪分子，但盗刷资金未能追回。丁某银行卡被人盗刷，甲商业银行应当承担赔偿责任吗？

笔记区

法律分析

在本案中，丁某与甲商业银行存在储蓄合同关系。同时，丁某的损失是由童某等犯罪分子的侵权行为造成的，但如果商业银行对丁某账户及财产的保管未尽到安全保障义务，丁某也可以向商业银行主张未尽安全保障义务的侵权责任。当违约责任与侵权责任竞合时，依据《中华人民共和国民法典》的规定，丁某可以选择请求承担违约责任或者侵权责任。在本案中，丁某起诉要求商业银行承担违约责任，需要判断是否存在违约行为。根据《中华人民共和国商业银行法》的规定，商业银行应当保障存款人的合法权益。甲商业银行作为借记卡发行方及相关技术、设备和交易平台提供者，应当加强安全管理，更新各项软、硬件设施，以最大限度保障资金交易安全。犯罪分子通过"撞号"尝试登录网银，甲商业银行的网银登录系统未对这种短时间集中、大量登录异常情况进行识别、预警并干预；通过短信验证码作为网银转账操作身份认证的模式，验证短信通过通信运营商系统传输，但甲商业银行未采取措施防止短信验证码被他人截取。上述事实说明，甲商业银行提供的电子交易系统对丁某的账户及资金未尽到安全保障义务，应当承担违约责任。

相反，丁某正常设置和操作账户密码和网银密码，在

笔记区

犯罪分子作案过程中并未泄露验证码，不存在过错。

因此，甲商业银行应赔偿丁某的损失。

知识链接

《中华人民共和国民法典》

第一百八十六条 因当事人一方的违约行为，损害对方人身权益、财产权益的，受损害方有权选择请求其承担违约责任或者侵权责任。

第五百七十七条 当事人一方不履行合同义务或者履行合同义务不符合约定的，应当承担继续履行、采取补救措施或者赔偿损失等违约责任。

《中华人民共和国商业银行法》第六条 商业银行应当保障存款人的合法权益不受任何单位和个人的侵犯。

原中国银行业监督管理委员会《电子银行业务管理办法》第八十九条 金融机构在提供电子银行服务时，因电子银行系统存在安全隐患、金融机构内部违规操作和其他非客户原因等造成损失的，金融机构应当承担相应责任。

因客户有意泄漏交易密码，或者未按照服务协议尽到应尽的安全防范与保密义务造成损失的，金融机构可以根据服务协议的约定免于承担相应责任，但法律法规另有规定的除外。

最高人民法院《关于审理银行卡民事纠纷案件若干问

笔记区

题的规定》第七条 发生伪卡盗刷交易或者网络盗刷交易,借记卡持卡人基于借记卡合同法律关系请求发卡行支付被盗刷存款本息并赔偿损失的,人民法院依法予以支持。

发生伪卡盗刷交易或者网络盗刷交易,信用卡持卡人基于信用卡合同法律关系请求发卡行返还扣划的透支款本息、违约金并赔偿损失的,人民法院依法予以支持;发卡行请求信用卡持卡人偿还透支款本息、违约金等的,人民法院不予支持。

前两款情形,持卡人对银行卡、密码、验证码等身份识别信息、交易验证信息未尽妥善保管义务具有过错,发卡行主张持卡人承担相应责任的,人民法院应予支持。

持卡人未及时采取挂失等措施防止损失扩大,发卡行主张持卡人自行承担扩大损失责任的,人民法院应予支持。

纠纷解决技巧

遭遇伪卡交易或网络盗刷交易,持卡人当时很难知道不法分子究竟采用何种方法实现盗刷的。因此,除及时挂失银行卡防止损失扩大外,还应当及时报警,争取通过公安经济侦查的力量梳理犯罪事实,抓获犯罪分子,追回受损财产。

及时报警还能让警方更多地获取犯罪线索,以利于案件尽早侦破;而查清犯罪事实也是确定持卡人与商业银行是否存在过错,以及判定应当如何承担责任的前提。在诸多银行卡伪卡交易或网络盗刷案件中,持卡人无法全面了解银行交易及安全设置的全貌,也无从知晓犯罪嫌疑人具体的作案手段,无法全面判断商业银行是否存在过错;而商业银行基于自利考虑,不可能自认其存在过失而承担赔偿责任。因而,通过警方查清事实,是最终确定责任的重要前提。当然,持卡人也可以向当地金融监管部门反映情况,请求调查。

试题

甲的银行卡被乙盗刷,其向某人民法院起诉发卡商业银行,请求返还盗刷的资金。下列说法中,正确的是(　　)。[①]

A. 商业银行应承担违约责任

B. 商业银行应承担未尽安全保障义务的责任

C. 甲应当首先起诉乙,请求返还盗刷资金

D. 甲只能起诉乙,请求返还盗刷资金

① 答案:B。

笔记区

▶ 51. 银行卡被盗刷之后应该怎么办?

案例

2008年,刘某向甲商业银行申请办理银行卡一张,开通了网上银行、电话银行业务。2014年3月27日19时42分,该银行卡通过位于乙市的一台自动取款机操作,发生转汇款2万元、取现金2次(金额分别为5000元和2300元)的交易。上述交易信息由甲商业银行通过短信方式向刘某发送了提醒。刘某收到短信提醒后,拨打甲商业银行客服电话挂失银行卡,并于20时25分到所在地丙市某派出所报案(乙市、丙市之间无法在半小时内抵达),出示随身携带的涉案银行卡,主张该银行卡被盗刷。公安部门正式立案,但至本案审判时尚未侦破。

刘某向法院起诉,主张甲商业银行未能保障其账户资金安全,请求赔偿其银行卡被盗刷产生的损失。甲商业银行主张自己没有赔偿义务。法庭调出涉案纠纷取款操作时的录像,操作者戴帽子和口罩,无法看清长相;刘某主张其不认识该人,自己的银行卡一直在身边,未曾出借给他人或遗失、泄露密码。那么,商业银行应当承担银行卡被盗刷的损失吗?

笔记区

法律分析

判断商业银行是否承担银行卡被盗刷的损失,既要考虑商业银行是否尽到安全保障义务,也要看持卡人是否存在过错,以及盗刷后是否及时采取有效措施以避免损失的进一步扩大。

在本案中,甲商业银行与刘某之间存在储蓄合同关系,商业银行负有保障账户及存款安全的保障义务。在收到交易短信后,刘某立即通知甲商业银行挂失银行卡,及时向公安机关报案,出示其随身携带的银行卡原件。上诉情况表明,刘某对银行卡有较高的安全意识,并且采取了妥当措施以避免损失扩大。甲商业银行没有证据证明刘某对银行卡被盗刷存在过错,应当承担银行卡被盗刷的责任。

知识链接

《中华人民共和国民法典》

第五百九十一条 当事人一方违约后,对方应当采取适当措施防止损失的扩大;没有采取适当措施致使损失扩大的,不得就扩大的损失请求赔偿。

当事人因防止损失扩大而支出的合理费用,由违约方负担。

第五百九十二条 当事人都违反合同的,应当各自承担相应的责任。

笔记区

当事人一方违约造成对方损失，对方对损失的发生有过错的，可以减少相应的损失赔偿额。

纠纷解决技巧

数字社会中数据泄露日渐严重，如为不法分子利用，可能造成严重后果，盗刷银行卡即为例证。为避免银行卡伪卡交易，应当妥善保管银行卡，如有遗失、被盗应及时挂失。同时，应随银行卡技术更新及时更换更安全的银行卡，如将磁条卡更换成芯片卡等。

银行卡遭遇盗刷，或者发现银行账户（银行卡）有可疑交易，应当在第一时间挂失银行卡，以避免损失扩大。然后，应当报警，如实说明情况。通常而言，伪卡交易地点与持卡人不在同一地点，持卡人可就近刷卡消费并打印消费明细，证明伪卡交易当时银行卡在持卡人身边，并在前往派出所报警时出示银行卡原件，证明银行卡未离身。

此外，持卡人应开通交易短信提醒，及时了解账户资金变动情况；应当妥善设置银行卡、网络银行等密码，不泄露密码、短信验证码等身份识别信息、交易验证信息。

试题

笔记区

持卡人发现自己的银行卡发生网络盗刷交易,首先应当采取的补救措施是(　　)。①

A. 修改银行卡密码

B. 去银行网点将账户资金取出

C. 拨打银行客服电话挂失银行卡

D. 向银行业监管部门投诉

① 答案:C。

笔记区

52. 点击"钓鱼"短信中的网址，银行卡资金被盗，银行要担责吗？

案例

2011年，梁某在甲农村商业银行办理了借记卡并开通网上银行业务。2014年10月18日14时，梁某收到显示号码为95×××发送的短信，短信内容为："尊敬的甲农村商业银行用户：您的手机银行将于次日失效，请登录手机网址：wap.95×××pc.com，进行升级。给您带来不便，敬请谅解（甲农村商业银行）。"收到短信后，梁某点击短信中的网址，按照操作提示输入手机号和登录密码，然后点击发送动态密码到手机，并按要求输入短信密码。在登录网站页面后，出现手机银行"升级"一栏，梁某点击进行升级。此番操作后，18时4分左右，梁某收到短信提示，其银行卡在乙地（距梁某所在地千里之外）的自动取款机上共发生两笔无卡取现，总计金额为2万元。

梁某认为，甲农村商业银行未尽到安全保障义务，导致其财产发生损失，起诉要求甲农村商业银行赔偿其损失。梁某的诉讼请求能得到支持吗？

笔记区

法律分析

在本案中，法院认定涉案银行卡资金被盗，是不法分子利用梁某在“钓鱼”网站上输入的银行卡信息和动态密码之后，登录甲农村商业银行手机银行客户端预约无卡取款，编写预约码之后前往乙地自助取款机上取款的。

确定损失的承担及比例，应当根据各方的过错。在本案中，梁某轻信发送号码为95×××的短信，在未能核实短信中网址链接真实性的情况下，即点击网址链接并输入手机号、登录密码及动态密码，这是造成不法分子盗取银行卡资金的直接原因。梁某对该损失的发生存在过错，也没有证据证明甲农村商业银行对梁某账户及其资金未尽到安全保障义务。因此，梁某应当承担损失。

知识链接

中国银行保险监督管理委员会《关于防范短信钓鱼诈骗的风险提示》 中国银保监会消费者权益保护局提醒：广大消费者一定要对不明短信、不明网站链接和页面、不明手机APP提高警惕，尤其是在被要求提供个人银行账户敏感信息时，要多看多思，防范被诈骗风险。

一看短信是否真实。诈骗短信假冒银行名义会降低消费者警惕性。消费者在收到署名为银行发送的信息时，要注意辨别真假，尤其不能盲目相信异常号码发送的短

笔记区

信。消费者若不确定短信是否真实,可以到银行营业网点或向其官方客服咨询。

二看网站链接和页面是否为官方渠道。诈骗短信提供的网页链接可能是假冒手机银行或网上银行网页的钓鱼链接,也可能是病毒木马,不应轻易点击和操作。建议广大消费者登录手机银行或网上银行时从银行官方手机APP或网站等正规渠道进入,尽量不要点击第三方提供的网站链接操作,以免被不法分子诱骗。

三看对方索要信息是否为个人重要敏感信息。消费者的身份证号、银行卡号、账户密码、短信验证码、付款码等均为个人重要且敏感信息,当有第三方要求提供或输入上述信息时,需提高警惕。不轻易提供重要敏感信息给他人,不点击来路不明的网站链接,不随意在除银行官方渠道之外的网页填写重要敏感信息。如发现自己上当受骗,请立即联系银行冻结银行账户,保存证据,及时报警。

纠纷解决技巧

近年来频发的电信诈骗案件中,不法分子通过各种欺诈手段,获取客户的密码、短信验证码等信息,利用网络方式侵害受害人的财产权益。在强调商业银行承担安全保障义务的同时,也需要银行卡持卡人提高警惕,避免泄露个人敏感信息。如果持卡人对银行卡资金被盗也存在一

笔记区

定的过错,需要对损失承担与过错相适应的责任。

为避免网络"钓鱼"诈骗风险,2021 年中国银行保险监督管理委员会发布《关于防范短信钓鱼诈骗的风险提示》,其中 3 点非常关键:一看短信是否真实;二看网站链接和页面是否为官方渠道;三看对方索要信息是否为个人的重要敏感信息。在此基础上,还建议:第一,要控制泛滥的好奇心,不要轻易点开网络或手机上的不明链接;第二,要避免登录违法网站,防范被植入木马等病毒;第三,手机网络页面展示有一定的局限性,选择电脑网页办理更方便;第四,登录网址前应当确定是相关金融机构的官方网站,避免从其他渠道链接进入网站;第五,老年朋友等如对网络银行等操作不熟悉,建议直接前往商业银行网点办理。

试题

张某需通过银行转账方式向李某支付货款 2 万元。张某向李某索要的个人信息中,不属于转账所必需的李某个人信息的是(　　)。[1]

A. 银行卡号　　B. 身份证号

C. 账户密码　　D. 开户行信息

---

① 答案:C。

笔记区

53. 银行卡被盗刷，能要求银行撤销不良征信记录吗？

案例

2018年，郭某向甲商业银行申请办理信用卡一张。2021年2月9日，郭某查询信用卡还款信息时发现，2月8日14时28分至15时5分产生12笔消费记录，全部为购买储值卡，总计金额为4万元。郭某马上拨打银行客服电话并报警。派出所确认受理郭某的信用卡盗刷案件。由于郭某未能按期偿还上述争议的信用卡欠款，甲商业银行要求其清偿欠款、利息、违约金及相关费用，并将相关信息报送中国人民银行征信中心形成不良征信记录。

郭某起诉甲商业银行，认为信用卡被盗刷并非其过错所致，不应当承担还款义务，并请求撤销在中国人民银行征信中心的不良征信记录。

人民法院认为，根据交易发生时间、报警时间、持卡人消费习惯等综合考虑，涉案12笔交易存在网络盗刷的可能性。甲商业银行未能证明交易为郭某本人或其授权的人所为，也没有证据证明郭某对交易发生存在故意或重大过失的情形。因此，郭某不承担银行卡盗刷的责任。那么，郭某撤销不良征信记录的请求能否得到支持？

法律分析

笔记区

征信中的不良信息是对信息主体信用状况构成负面影响的信息，包括在借贷、担保、使用信用卡等活动中未按照合同履行义务的信息，受到行政处罚的信息，人民法院判决或裁定应履行义务及强制执行的信息等。

商业银行开展借贷业务过程中，借款人违约的，商业银行会将相关不良征信信息提供给征信机构。当然，如果证明商业银行提供的信息存在错误、遗漏，借款人作为信息主体有权提出异议，要求更正。

在本案中，人民法院已判决确定郭某不承担银行卡被盗刷的法律责任，甲商业银行就不能以其"未按期偿还信用卡"为由向征信机构提供不良征信信息；如果相关信息已经报送，则应当予以更正。最终，人民法院也判决"撤销郭某因未按期偿还信用卡欠款本金、利息、违约金、相关费用而在中国人民银行征信中心形成的不良征信记录"。

知识链接

国务院《征信业管理条例》第二十五条 信息主体认为征信机构采集、保存、提供的信息存在错误、遗漏的，有权向征信机构或者信息提供者提出异议，要求更正。

征信机构或者信息提供者收到异议，应当按照国务院征信业监督管理部门的规定对相关信息作出存在异议的

笔记区

标注,自收到异议之日起20日内进行核查和处理,并将结果书面答复异议人。

经核查,确认相关信息确有错误、遗漏的,信息提供者、征信机构应当予以更正;确认不存在错误、遗漏的,应当取消异议标注;经核查仍不能确认的,对核查情况和异议内容应当予以记载。

最高人民法院《关于审理银行卡民事纠纷案件若干问题的规定》第十四条 持卡人依据其对伪卡盗刷交易或者网络盗刷交易不承担或者不完全承担责任的事实,请求发卡行及时撤销相应不良征信记录的,人民法院应予支持。

纠纷解决技巧

发生银行卡盗刷,请求撤销相应不良征信记录的前提是,持卡人对盗刷交易不承担或不完全承担责任。换言之,首先,持卡人应确保自己在信用卡保管、使用过程中不存在故意或重大过失;其次,须通过诉讼程序确认盗刷的部分或全部责任由发卡机构承担。如果满足上述条件,持卡人可以向征信机构或信息提供者请求更正。当然,更便利的方式是,在确认银行卡盗刷民事责任的诉讼中,一并提起撤销不良征信的诉讼请求,由法院判决确认诉讼请求,便可依据判决请求征信机构撤销相关的不良征信记录。

试题

笔记区

征信中的个人不良信息，不包括（　　）。[1]

A. 信息主体受行政处罚的信息

B. 人民法院强制执行的信息

C. 仲裁机构裁定不受理仲裁申请的信息

D. 仲裁裁决裁定信息主体履行义务的信息

---

① 答案：C。

笔记区

54. 视力残障的金融消费者能否申请信用卡?

案例

李某系视力残障人士,残疾等级为视力(盲)一级,无法正常阅读和抄录。2018年8月,李某通过网络向甲商业银行申请办理一张信用卡。收到信用卡后,李某于2018年9月18日至甲商业银行营业厅办理信用卡激活手续。银行工作人员发现李某视力问题后,以其不能按照银行要求抄录相关规则且无法在电子屏幕签字确认,不符合金融监管机关关于银行卡开卡、激活的相关规定,拒绝激活信用卡。

李某诉至法院,请求判令甲商业银行为其办理信用卡激活手续。法院查明,2011年中国银行业监督管理委员会颁布的《商业银行信用卡业务监督管理办法》第37条第3款规定:申请人确认栏应当载明以下语句,并要求客户抄录后签名:“本人已阅读全部申请材料,充分了解并清楚知晓该信用卡产品的相关信息,愿意遵守领用合同(协议)的各项规则。”第49条有如下规定,不得激活领用合同(协议)未经申请人签名确认、未经激活程序确认持卡人身份的信用卡。

甲商业银行拒绝为李某激活信用卡的理由是否成立?

李某虽有视力残障，其是否不能申请、使用信用卡？

笔记区

法律分析

本案一审法院严格按照原中国银行业监督管理委员会的相关规定，认为李某无法在确认栏中抄录规定语句，也无法完成激活程序所必需的签名，甲商业银行为保障信用安全和客户交易安全，有理由拒绝李某的申请。

二审法院认为，信用卡激活的目的是审核持卡人的身份信息；甲商业银行已审核批准李某的信用卡，与李某形成了信用卡服务合同关系，激活信用卡是合同附随义务，基于诚信原则应当履行；抄录相关语句是为完成向李某尽使用格式条款签订合同的相关义务，李某作为视力残障人士，客观上无法抄录，甲商业银行应当采用其他措施向李某履行格式条款的说明义务，而非简单拒绝。据此，二审法院判决甲商业银行在10日内为李某激活信用卡。

知识链接

《中华人民共和国民法典》

第七条 民事主体从事民事活动，应当遵循诚信原则，秉持诚实，恪守承诺。

第五百零九条 当事人应当按照约定全面履行自己的义务。

当事人应当遵循诚信原则，根据合同的性质、目的和

笔记区

交易习惯履行通知、协助、保密等义务。

当事人在履行合同过程中,应当避免浪费资源、污染环境和破坏生态。

《中华人民共和国残疾人保障法》第三条 残疾人在政治、经济、文化、社会和家庭生活等方面享有同其他公民平等的权利。

残疾人的公民权利和人格尊严受法律保护。

禁止基于残疾的歧视。禁止侮辱、侵害残疾人。禁止通过大众传播媒介或者其他方式贬低损害残疾人人格。

原中国银行业监督管理委员会办公厅《关于银行业金融机构加强残疾人客户金融服务工作的通知》 二、银行业金融机构应当牢固树立公平对待金融消费者的观念,总行(总公司)应当统一建立健全为残疾人客户提供金融服务的管理制度和业务流程。在制定内部管理制度和业务流程、风险控制、提供金融产品和服务、新设营业网点等方面,应当针对残疾人客户的特殊情况和实际需求做出统筹考虑,充分尊重和保障残疾人客户公平获得银行业金融服务的合法权利。

纠纷解决技巧

伴随生活水平的提高和金融服务的普及,残障人士等特殊群体逐渐成为接受金融服务的群体。基于平等对待金融消费者、禁止基于残疾的歧视等基本原则,残障人士应当获得与其他公民平等的权利;但金融服务有其特殊性,金融监管规则规定或基于金融风险防范、客户财产保护等目的,的确会限制残障人士获得与普通金融消费者完全相同的金融服务。当受到不同待遇时,残障人士往往会直觉地基于不平等对待或歧视角度,争取相关权利。但在具体情形中,判断是否构成歧视存在一定的难度。本案二审法院提供了解决问题的其他视角,如通过诚信原则解释合同附随义务的全面履行,如通过解释金融监管规则的目的而允许采纳变通方式人性化地实现监管规则目的,并充分保障残障人士的合法权益。

从残障人士作为金融消费者的角度讲,也可以与金融监管机构、金融机构进行交流,表达接受更平等金融服务的诉求,结合金融风险防范等目的就如何实现残障人士金融权利的具体措施提出建设性意见。

试题

审批发放信用卡后,发卡银行应当为持卡人激活信用卡,此种附随义务的来源是(　　)。[1]

A. 合法原则　　B. 公平原则

C. 平等原则　　D. 诚信原则

---

① 答案:D。

笔记区

▶ 55. 如何避免预付卡消费上当受骗?

案例

2014年,严某加入某儿童教育集团运营连锁品牌,成立乙公司,向公众提供幼儿早教服务。2017年4月,滕某与乙公司签订会员协议,购买早教课程,约定每课时60元,总价5400元,有效期为自合同签之日起1年。会员协议背面为格式条款,特别声明:本协议签订后,公司向会员提供会员卡一张,会员系统登记会员课时情况。上课时会员务必携带会员卡并交公司前台刷卡登记,刷卡方式为一节课刷卡一次。此外,还有合同的重要信息作为会员协议的附件,规定了包括签到、请假、补课等事项在内的上课守则。2017年11月,乙公司在早教教室门口张贴公告:因经营状况变化,本中心暂停营业,会员家长我们会与您及时联系办理退款手续。由于滕某与乙公司对会员卡中剩余课时的确定存在争议,一直未能解决退费问题。滕某担心乙公司"跑路",向律师咨询其应该如何处理纠纷。

法律分析

滕某办理乙公司会员卡的性质为单用途商业预付卡。我国目前采用多部门分工负责的方式管理单用途预付卡:商务

笔记区

部门负责单用途预付卡业务综合协调;零售、住宿餐饮、居民服务领域由商务部门负责管理,教育、文化、旅游等行业主管部门分别对教育培训、文化、旅游领域的单用途预付卡进行监管;因单用途预付卡消费产生纠纷,由市场监管部门负责查处侵害消费者利益的案件;中国银行保险监督管理委员会负责利用预付卡实施非法集资的预警监测和风险排查工作,涉嫌犯罪的移送公安机关。滕某与乙公司就会员卡的退费问题,可经消费者保护部门进行调解,或向人民法院起诉。如果乙公司出现“跑路”的情况,可以选择报警。由于严某的乙公司加入了某儿童教育集团运营连锁品牌,可依品牌运营协议的相关约定,尝试请求儿童教育集团对退还费用承担连带责任。

知识链接

商务部《单用途商业预付卡管理办法(试行)》第二十二条 发卡企业终止兑付未到期单用途卡的,发卡企业和售卡企业应向持卡人提供免费退卡服务,并在终止兑付日前至少30日在备案机关指定的媒体上进行公示。

国务院办公厅转发中国人民银行、原监察部、财政部等七部门《关于规范商业预付卡管理意见的通知》 四、防范风险,维护权益

……商务部门要采取有效措施,加强对单用途预付卡预付资金的监管,防范资金风险。

笔记区

……工商部门要进一步加强监督检查,加大消费维权工作力度,严厉打击侵犯消费者权益的不法行为,及时开展相关消费提示,营造良好的消费环境……

纠纷解决技巧

单用途预付卡消费纠纷是常见但较难解决的消费纠纷种类。国家相关部门多次发布相关风险提示,如 2020 年商务部办公厅《关于做好单用途商业预付卡管理工作的通知》。

消费者采用预付卡方式消费时应当注意:第一,按照自身实际需求充值购卡,不因商家宣传的优惠折扣而冲动消费;第二,保留办卡时的协议、收费凭证等单据,以备发生纠纷时作为证据使用;第三,遇到店铺关门、老板"跑路"的情况,可报警处理,但能找到负责人才是解决问题的重点;第四,避免违法私力救济,如闯入已关闭的经营场所、扣留或毁坏经营单位财物等,否则将承担相应的法律责任。

试题

发生单用途预付卡经营者"跑路"的情况,持卡人采取的较有效的救济措施是(　　)。[①]

A. 哄抢经营者的财物　　B. 报警

C. 请求消费者协会调解　D. 向人民法院起诉

① 答案:B。

笔记区

▶ 56. 偷游戏装备构成盗窃罪吗?

案例

A 款网络游戏允许玩家注册多个游戏账号,每个游戏账号可创建多个游戏角色,不同游戏角色使用不同的游戏装备,级别也不同。装备好、级别高的游戏角色账号被称为"大号",反之则称为"小号"。游戏玩家只要登录其中一个账号,就可使用特定登录软件登录同一玩家的其他所有账号。

2015 年,杨某、陈某、李某 3 人共同研究,在某出租屋内使用电脑作案。他们利用 A 网络游戏的账号登录规则,向准备出售装备或账号的玩家谎称购买装备或账号,要求玩家提供"小号"以便查看装备。一些玩家不知道自己的"小号"被他人登录后,他人可登录自己的"大号"并可转移其中的装备或游戏币。这些玩家向杨某等人提供"小号",杨某等人登录后,盗窃其各账号内的游戏装备或游戏币,然后出卖给他人,以获取收益。杨某等人的行为构成盗窃罪吗?

法律分析

判断是否构成盗窃罪的一个问题是,盗窃的对象是否

笔记区

属于公私财物。常见的盗窃对象为动产,具有有形特征,能够被人们所控制和占有;但人类进入电力时代后,电力等无形财产也成为盗窃的对象,类似的还有煤气等。而不能为人力所控制的阳光、电磁等尚不是盗窃的对象。进入网络和数字时代,游戏装备等数据、虚拟财产也被纳入《中华人民共和国刑法》的保护范围,盗窃游戏装备可构成盗窃罪。

《中华人民共和国民法典》适应时代发展,承认数据、网络虚拟财产的价值,在总则编民事权利部分进行了宣誓性的规定。

知识链接

《中华人民共和国刑法》第二百六十四条 盗窃公私财物,数额较大的,或者多次盗窃、入户盗窃、携带凶器盗窃、扒窃的,处三年以下有期徒刑、拘役或者管制,并处或者单处罚金;数额巨大或者有其他严重情节的,处三年以上十年以下有期徒刑,并处罚金;数额特别巨大或者有其他特别严重情节的,处十年以上有期徒刑或者无期徒刑,并处罚金或者没收财产。

《中华人民共和国民法典》第一百二十七条 法律对数据、网络虚拟财产的保护有规定的,依照其规定。

纠纷解决技巧

笔记区

网络与数字经济发展日新月异,网络虚拟世界与现实世界的联系也日趋紧密。人们逐渐认识到,网络非法外之地。通过网络散布不法言论,通过网络赌博、窃取秘密情报或商业秘密、传播网络病毒等涉网不法行为,都应受到法律的制裁。

不同网络用户对游戏装备、网站积分乃至不同等级账户有不同的需求,网络用户之间自然地采用买卖等方式交易、交换各种不同的数字信息和数字资产。由此,这些数字信息具有经济价值,受到民法、刑法等法律的保护。当然,限于保护未成年人、反洗钱等其他目的,游戏装备等网络虚拟财产的权利行使也应受到一定的限制。

试题

下列各项中,并非盗窃罪的对象的是(　　)。①

A. 电力　　B. 电磁

C. 游戏装备　　D. 违禁品

① 答案:B。

笔记区

▶ 57.“古玩鉴定代拍”的骗局是怎么玩转的？

案例

2018年10月，秦某等人成立甲公司，招聘陈某、吴某担任业务经理，准备实施诈骗。甲公司通过不法方式获取持有古玩古董的客户电话，由业务员电话咨询客户是否有意向出售古玩古董。甲公司还通过网络宣传提供收购古玩古董服务，业务寡淡时要求业务人员到村民家中询问是否有古玩古董出售。遇到有客户有意向出售古玩古董时，业务员会带领客户到公司请“鉴定专家”鉴定，通过多种方式诱骗客户向公司缴纳所谓的服务费、鉴定费、拍卖费等费用，以骗取钱财。经公安机关查明，所谓聘请的“鉴定专家”，系由甲公司人员假扮的，甲公司也未取得文物拍卖许可证。陈某、吴某根据客户向公司缴纳的费用数额，按照12%提成，以底薪加提成方式获取工资。截至案发，陈某、吴某骗取受害人的费用金额总计为20余万元。

法律分析

在本案中，陈某、吴某以非法占有为目的，通过虚构事实、隐瞒真相的方式，承诺可以让受害人的古玩古董高价拍卖，假借古玩古董拍卖需要鉴定文书等理由，以收取服务费、鉴定费、拍卖费等名义骗取他人财物,构成诈骗罪。

笔记区

知识链接

《中华人民共和国刑法》第二百六十六条 诈骗公私财物,数额较大的,处三年以下有期徒刑、拘役或者管制,并处或者单处罚金;数额巨大或者有其他严重情节的,处三年以上十年以下有期徒刑,并处罚金;数额特别巨大或者有其他特别严重情节的,处十年以上有期徒刑或者无期徒刑,并处罚金或者没收财产。本法另有规定的,依照规定。

国家文物局《文物拍卖管理办法》

第四条 依法设立的拍卖企业经营文物拍卖的,应当取得省、自治区、直辖市人民政府文物行政部门颁发的文物拍卖许可证。

第十九条 文物拍卖企业、文物拍卖专业人员发生违法经营行为,国家文物局和省、自治区、直辖市人民政府文物行政部门应当依法予以查处。

纠纷解决技巧

伴随民间收藏热,古玩古董拍卖骗局应景而生。不法分子针对有古玩古董出售需求的客户,使用固定话术和“套路”,承诺可高价收购或拍卖文物,提前收取鉴定费等费用,以骗取财物。古玩古董拍卖骗局的升级版本,是进

笔记区

行所谓的海外拍卖：告知客户可将古玩古董委托进行海外拍卖，并带领客户参加现场拍卖会，以收取更多的费用，但拍卖的结果是流拍。古玩古董拍卖骗局的另一种形式是，到农村地区以收购古玩古董为名，建议村民委托其将所谓的古玩古董进行拍卖以获得更高的价格，但委托拍卖需要缴纳费用，不法分子的真正目的是骗取费用，而非收购古玩古董。

无论古玩古董拍卖骗局如何变化，骗术成功的基础是利用客户的贪财心理和缺乏行业知识经验。面对诱惑，客户切莫被冲昏头脑，而应认真甄别拍卖公司的资质：拍卖企业应当取得省级人民政府文物行政部门颁发的文物拍卖许可证，任何无证、借用许可证的机构都是违法的。

此外，目前文物、艺术品鉴定领域鱼龙混杂，鉴定还应尽量委托博物馆、文物部门的专业人员，切忌轻信网络或拍卖公司的宣传。

试题

举办文物拍卖会，拍卖企业应将拟拍卖标的报送至(　　)[①]审核。

A. 国家文物局　　B. 省级文物管理部门

C. 文化和旅游部　　D. 省级文旅管理部门

---

① 答案：B。

笔记区

▶ 58. 虚拟网络交易平台是如何欺骗投资人的?

案例

2018 年 9 月至 2019 年 5 月,陈某等人以多个公司的名义,招聘杨某、罗某等工作人员分别担任财务人员、话务人员、涉案平台客服人员、直播间讲师、分析师和策划师等职务,通过虚假网络交易平台吸引炒股人员投资,以骗取他人财产。具体操作方式为:通过话务人员拨打电话、微信聊天等方式,吸引炒股人员与伪装成"炒股成功人士"的刘某、王某等人联系,制造这些"成功人士"获"炒股暴利"的假象,诱导炒股人员进入网络直播间观看授课直播。诱导炒股人员下载公司创办的多个虚拟网络交易平台投资炒股,并通过操纵平台后台数据使炒股人员的账户最终显示"爆仓",从而骗取炒股人员的钱财。截至案发,该案共诈骗 190 余名炒股人员,涉案金额 4000 余万元。

法律分析

我国对各类金融交易所实施严格的金融监管。根据《中华人民共和国证券法》和《中华人民共和国期货和衍生品法》的规定,如果缺乏中央或地方金融监管机关的许可或备案,设立"类交易(场)所"从事金融活动的,很可能涉

笔记区

嫌擅自设立金融该机构罪、诈骗罪等犯罪活动。

知识链接

《中华人民共和国刑法》第二百六十六条 诈骗公私财物，数额较大的，处三年以下有期徒刑、拘役或者管制，并处或者单处罚金；数额巨大或者有其他严重情节的，处三年以上十年以下有期徒刑，并处罚金；数额特别巨大或者有其他特别严重情节的，处十年以上有期徒刑或者无期徒刑，并处罚金或者没收财产。本法另有规定的，依照规定。

《中华人民共和国证券法》第九十六条第二款 证券交易所、国务院批准的其他全国性证券交易场所的设立、变更和解散由国务院决定。

《中华人民共和国期货和衍生品法》第八十条第一款 设立、变更和解散期货交易所，应当由国务院期货监督管理机构批准。

中国人民银行《关于冒用人民银行名义发行或推广法定数字货币情况的公告》 二、目前网传所谓法定数字货币发行，以及个别机构冒用人民银行名义推出“DC/EP”或“DCEP”在资产交易平台上进行交易的行为，可能涉及诈骗和传销，请广大公众提高风险意识，不偏信轻信，防范利益受损。

笔记区

纠纷解决技巧

在现实中,如未经批准,擅自设立证券交易所、期货交易所,构成擅自设立金融机构罪。不法分子将不法行为移至网上,虽名称改为“虚拟网络交易平台”,但仍以炒股形式进行交易。无论线下还是网上,擅自设立交易场所或交易平台以吸引炒股,对各种交易及资产数据进行造假,就是掠夺受害人的投资财产。需要投资者高度警觉,切莫轻信网络上的“暴富”传言。投资人应当到正规金融交易场所进行交易,在开立账户、注入资金前,务必通过监管部门网站查询交易平台是否取得金融交易(场)所的行政许可或备案。

试题

张某上网发现一个号称能从事数字人民币(DCEP)资产交易的网站。关于该网站的合法性,下列说法正确的是(　　)。[1]

A. 如网站注册地在国内,是合法网站

B. 需要查询该网站是否有中国人民银行的批准

C. 需要查询该网站是否经过市场监管部门的登记

D. 中国人民银行未授权任何资产交易平台进行数字人民币交易,该网站不合法

---

① 答案:D。

笔记区

▶ 59.“赌石”真的是“致富大道”吗?

案例

甲公司的经营范围包括销售珠宝、翡翠等,后甲公司在某网络商城注册“×宝旗舰店”。2020年6月,梁某在甲公司“×宝旗舰店”的网络直播间观看主播直播,在该网店共购买翡翠原石12块,总价近7万元。“×宝旗舰店”出售12块翡翠原石时,均向梁某截图发送了载有“代购原石、不退不换”字样的图片。应梁某的请求,甲公司对其中6块翡翠原石进行了“开窗”等“赌石”行为,“开窗”前,“×宝旗舰店”客服人员均特别声明,翡翠原石属于特殊商品,“开窗”和切开都有风险,不保证“开窗”、切开后的种水、色和裂纹,原石一经“开窗”等处理,无法复原,无论何种结果都不退不换。经风险提示,梁某同意“开窗”,并对其中2块原石委托甲公司加工成2个翡翠手镯。此后,甲公司将2个翡翠手镯、10块原石(包括已“开窗”的6块)快递给梁某,梁某正常签收。梁某自行对其中9块原石进行切割,另外1块进行了“扒皮”,认为没有达到商家宣传承诺的原石品质,要求甲公司退回货款并赔偿损失。因与甲公司协商未果,梁某诉至法院。人民法院驳回了梁某的诉讼请求。

笔记区

法律分析

有观点认为,“赌石”合同带有射幸性而无效,但我国目前未有法律禁止“赌石”行为,反而在部分地区“赌石”活动逐渐发展为规模不小的产业,在司法实践中直接宣告“赌石”合同无效的案件也不多见。因此,判断“赌石”合同的效力,在没有违反法律、行政法规的强制性规定或违背公序良俗的情况下,可以认定为有效。法律尊重当事人之间订立的合同,对双方当事人都具有拘束力。

当然,基于“赌石”合同的特殊性,在缔约过程中销售方应当尽到高度提醒注意义务,并对“赌石”规则和产品情况等进行解释说明,否则可以追究其缔约过失责任。

知识链接

《中华人民共和国民法典》

第一百五十三条 违反法律、行政法规的强制性规定的民事法律行为无效。但是,该强制性规定不导致该民事法律行为无效的除外。

违背公序良俗的民事法律行为无效。

第四百六十五条第二款 依法成立的合同,仅对当事人具有法律约束力,但是法律另有规定的除外。

第五百条 当事人在订立合同过程中有下列情形之一,造成对方损失的,应当承担赔偿责任:

笔记区

（一）假借订立合同，恶意进行磋商；

（二）故意隐瞒与订立合同有关的重要事实或者提供虚假情况；

（三）有其他违背诚信原则的行为。

纠纷解决技巧

“赌石”行为的特点是高风险、高收益。“赌石”成功需依靠丰富的经验及绝佳的运气。因此，建议普通投资者不轻易尝试“赌石”活动。“赌石”缔约过程中，切莫冲动投资、轻信销售人员宣传。必要时，可将缔约过程通过视频、音频方式录制下来，以便在存在销售人员误导性宣传、欺诈等情况下，作为证据以维护自己的权益。

试题

老王参与“赌石”活动，购买原石一块。在将原石取回家半小时后，又反悔了，遂找到原石销售者李某要求返还价款，则（　　）。[1]

A. 赌石合同无效

B. 赌石合同应当解除

C. 老王无权毁约

D. 李某必须返还价款

---

① 答案：C。

笔记区

▶ 60. 从事刷单炒信活动会面临什么法律责任?

案例

2013年,李某创建甲"联盟"网站,并利用某语音聊天工具建立用于刷单炒信的平台,吸纳乙大型电子商务网站的卖家注册成为会员,收取数百元不等的保证金、平台管理费等费用,并制订了刷单炒信规则和流程,组织会员通过炒信平台发布或者接受刷单炒信任务。会员在承接刷单任务后,登录乙大型电子商务网站,在发布刷单任务的会员的商店中进行虚假交易,并给予虚假好评,以此赚取任务点。获得任务点的会员可以用悬赏任务点的方式,吸引其他会员给自己在乙大型电子商务网站中的店铺刷单,以此提升店铺的声誉,欺骗消费者。至2014年6月,李某共计收取平台管理费、任务点销售收入等30余万元,收取保证金50余万元。另外,李某创建的甲"联盟"网站不具备增值电信业务经营许可证。某区人民检察院指控李某的上述行为构成非法经营罪。

法律分析

刷单炒信行为危害诚信社会建设、扰乱市场秩序、损害相关经营者和广大消费者的合法权益,需承担相应的法

笔记区

律责任。对组织、参与刷单炒信的人员，如以营利为目的，通过信息网络有偿提供删除信息服务，或者明知是虚假信息，仍通过信息网络有偿提供发布信息等服务，扰乱市场秩序的，以非法经营罪处罚。

在本案中，李某以营利为目的，引导会员接受刷单任务并提供虚假好评，扰乱了市场秩序，损害了消费者权利，达到了“情节严重”的程度，应当被依法追究非法经营罪的刑事责任。

知识链接

《中华人民共和国刑法》第二百二十五条第四项 违反国家规定，有下列非法经营行为之一，扰乱市场秩序，情节严重的，处五年以下有期徒刑或者拘役，并处或者单处违法所得一倍以上五倍以下罚金；情节特别严重的，处五年以上有期徒刑，并处违法所得一倍以上五倍以下罚金或者没收财产：

（四）其他严重扰乱市场秩序的非法经营行为。

最高人民法院、最高人民检察院《关于办理利用信息网络实施诽谤等刑事案件适用法律若干问题的解释》第八条 明知他人利用信息网络实施诽谤、寻衅滋事、敲诈勒索、非法经营等犯罪，为其提供资金、场所、技术支持等帮助的，以共同犯罪论处。

笔记区

《中华人民共和国反不正当竞争法》第八条第二款 经营者不得通过组织虚假交易等方式,帮助其他经营者进行虚假或者引人误解的商业宣传。

《中华人民共和国消费者权益保护法》第二十条第一款 经营者向消费者提供有关商品或者服务的质量、性能、用途、有效期限等信息,应当真实、全面,不得作虚假或者引人误解的宣传。

纠纷解决技巧

刷单炒信是伴随电子商务和网络交易的发展而产生的违法行为,任何人不得从事此类违法行为,同时需避免遭遇此类违法行为的侵害。首先,坚决拒绝从事刷单炒信的行为。无论是组织、参与刷单炒信,还是提供帮助,都可能构成非法经营罪。此外,如果为删除差评等而在网络上侮辱、恐吓他人,可能构成寻衅滋事罪;以在网络上发布、删除网络信息为由,威胁他人索取公私财物或者多次实施此种行为的,可能构成敲诈勒索罪;如果通过“黑进”网站内部评价系统等手段,删改购物评价等方式来改变购物评价数据的,还可能构成破坏计算机信息系统罪。其次,刷单炒信行为属于虚假宣传的不正当竞争行为,损害了其他经营者的合法权益,既要受到市场监管部门的行政处罚,也要赔偿其他经营者因此遭受的损失。再次,刷单炒信行

笔记区

为损害消费者合法权益的，消费者可以要求经营者承担虚假宣传的民事赔偿责任。最后，参与刷单炒信行为本身也可能给“炒手”带来损失或风险。

作为守法公民，发现刷单炒信行为的，可以向商家所在的网络平台、市场监管部门投诉举报；如果被骗，则应当保存相关证据，在第一时间向公安机关报案。

试题

张某接受某平台刷单任务，约定其在联系人指定的多家商铺内发布虚假好评信息，并获得报酬。关于该刷单行为的说法，正确的是（　　）。①

A. 张某与平台的刷单约定有效

B. 张某刷单行为侵害消费者的知情权

C. 张某需经审批才能从事刷单行为

D. 无论何种情况，张某都不承担刷单行为的刑事责任

① 答案：B。

笔记区

测 试 题

1. 下列各机构中,不属于我国金融监管机构的是(　　)。

A. 中国人民银行

B. 中国银行保险监督管理委员会

C. 国家外汇管理局

D. 国家市场监督管理总局

2. 在下列情形中,属于民间借贷并适用最高人民法院《关于审理民间借贷案件适用法律若干问题的规定》的案件是(　　)。

A. 生产企业之间为经营需要借款,发生的借款合同纠纷

B. 生产企业向小额贷款公司借款,发生的借款合同纠纷

C. 自然人与典当行之间的业务纠纷

D. 生产企业与融资担保公司之间的担保纠纷

3. 下列关于民间借贷合同的说法,正确的是(　　)。

A. 民间借贷合同必须以书面形式订立

B. 利息从本金中预先扣除的,民间借贷合同无效

C. 民间借贷合同未约定利息的,视为没有利息

D. 民间借贷合同利息不受国家有关借款利率的限制

4. 第三人为民间借贷合同提供保证担保,但未约定保证

笔记区

方式，则保证人(　　)。

A. 不承担保证责任　　　B. 承担一般保证责任

C. 承担连带保证责任　　D. 承担补充保证责任

5. 在司法实践中，职业放贷人从事的民间借贷行为无效。在下列各项中，不属于职业放贷人的是(　　)。

A. 未依法取得放贷资格的以民间借贷为业的法人

B. 以民间借贷为业的非法人组织

C. 在一定期间内多次从事有偿民间借贷行为的出借人

D. 为居民个人提供消费目的贷款的消费金融公司

6. 民间借贷的借款人涉嫌犯罪。出借人起诉，请求担保人承担民事责任的，人民法院应当(　　)。

A. 不予立案　　　B. 驳回起诉

C. 受理案件　　　D. 判决担保人履行担保责任

7. 甲企业和乙公司之间为正常生产经营需要订立借款 20 万元的借款合同。该借款合同的效力是(　　)。

A. 有效　　B. 无效　　C. 可撤销　　D. 效力待定

8. 甲乡镇企业为生产经营所需，在单位内部通过借款形式向职工筹集资金。甲乡镇企业的下列行为中，合法的是(　　)。

A. 将筹集资金购买理财产品

B. 将筹集资金转贷给其他村民

C. 将筹集资金转贷给其他企业

D. 将筹集资金用于生产不符合食品安全标准的食品

9. 原告依据借条提起民间借贷诉讼，被告的下列主张中，不能免除其偿还义务的是(　　)。

A. 被告已经偿还借款

B. 写借条后原告未交付借款

C. 被告将借款转借给第三人

D. 该借条不是被告写的

10. 民间借贷合同无效,则(　　)。

A. 民间借贷合同中的纠纷解决方法条款也无效

B. 担保该民间借贷合同的保证合同也无效

C. 应当追缴双方因无效合同取得的财产

D. 无须返还因该民间借贷合同取得的财产

11. 民间借贷案件中,证明借贷事实是否发生是重要的环节。下列各事实和因素中,通常不被用作判断借贷事实是否发生的是(　　)。

A. 借款金额、款项交付、当事人的经济能力

B. 当事人的征信状况

C. 当地或当事人之间的交易方式、交易习惯

D. 当事人财产变动情况

12. 下列关于网络贷款平台业务的说法,正确的是(　　)。

A. 网络贷款平台可以发放贷款

B. 网络贷款平台可以吸收存款

C. 网络贷款平台可以提供贷款担保

D. 网络贷款平台可以提供信息中介服务

13. 自然人之间的借款,未签订书面合同或字据。出借人按约将资金打入借款人账户,则该借款合同(　　)。

A. 成立　　B. 无效　　C. 违法　　D. 可撤销

笔记区

14. 自然人之间的借款,没有约定利息,则(　　)。

A. 视为没有利息

B. 应当补充利息约定

C. 按照银行一年期存款利息计算利息

D. 按照市场化利率水平决定利息

15. 自然人之间的借款合同,约定的借款与实际收到的借款金额不相符,则(　　)。

A. 按照约定借款金额计算本金

B. 按照实际收到的借款金额计算本金

C. 借款合同不成立　　D. 借款合同无效

16. 自然人之间的借款合同,利息在本金交付时预先扣除,则(　　)。

A. 该借款合同无效

B. 应按照合同约定金额计算本金

C. 应按照实际借款金额计算本金

D. 出借人应当补交预先扣除的金额

17. 民间借贷约定利率的上限是(　　)。

A. 年利率 24%　　B. 年利率 36%

C. 银行贷款利率的 4 倍

D. 一年期贷款市场报价利率的 4 倍

18. 民间借贷合同中既约定了逾期利息,又约定了违约金,出借人起诉借款人承担违约责任的,则(　　)。

A. 按照逾期利息约定确定违约责任

B. 按照违约金约定确定违约责任

笔记区

C. 只能选择主张逾期利息或违约金

D. 可以一并主张逾期利息和违约金

19. 金融机构开展资产管理业务时(　　)。

A. 可以承诺保证本金

B. 可以承诺保证收益

C. 可以由第三方保本金、保收益

D. 不得承诺保本金、保收益

20. 金融机构发行和销售资产管理产品时,应当加强投资者适当性管理。在下列各项中,不属于投资者适当性管理的是(　　)。

A. 金融机构销售理财产品,应当坚持“了解产品”的理念

B. 金融机构应对投资者进行风险承担能力测试和评估

C. 金融机构应向投资者销售与其风险承担能力相适应的资产管理产品

D. 金融机构应当加强投资者教育

21. 商业银行销售的理财产品中,搭售有保险产品。该行为损害金融消费者的(　　)。

A. 财产安全权　　B. 信息安全权

C. 自主选择权　　D. 公平交易权

22. 金融机构销售金融产品时,采用声明等格式条款的方式,限制金融消费者选择同业机构提供的金融产品的权利。该格式条款的效力是(　　)。

A. 有效　　B. 无效　　C. 可撤销　　D. 效力待定

23. 下列商业银行的营销宣传活动,合法的是(　　)。

笔记区

A. 进行引人误解的宣传

B. 引用不准确的数据对产品收益进行夸大

C. 明示不保证金融产品的未来收益

D. 宣传产品经监管部门备案而引发监管部门对金融产品提供保证的联想

24. 在下列说法中,正确的是(　　)。

A. 商业银行为履行反洗钱义务,可以要求金融消费者提供必要信息

B. 商业银行经金融消费者同意,可以收集与业务无关的消费者金融信息

C. 未经金融消费者同意,支付机构可以基于改善用户体验的目的收集消费者金融信息

D. 金融消费者不同意支付机构为营销目的而收集其金融信息的,支付机构可以拒绝提供金融服务

25. 金融消费者对银行、支付机构作出的投诉处理不接受的,可以继续通过银行、支付机构住所地、合同签订地或者经营行为发生地的监管部门投诉。该监管部门是(　　)。

A. 中国人民银行分支机构　　B. 地方金融监管机构

C. 证监会派出机构　　D. 审计部门

26. 金融消费者在金融机构销售人员的引导下,购买了超过其风险承受能力的金融产品。若发生损失,则(　　)。

A. 金融机构承担全部责任

B. 金融消费者自己承担全部损失

C. 金融机构承担主要责任,金融消费者也需承担部分

笔记区

损失

D. 金融机构承担次要责任,金融消费者承担主要损失

27. 金融机构销售金融产品时,发现金融消费者购买金融产品与其风险承受能力不适应。经提醒,金融消费者仍坚持购买该产品。其后,该金融该产品发生本金损失的情况,则(　　)。

A. 金融机构应当承担全部责任

B. 金融消费者应当承担全部损失

C. 金融机构承担主要责任,金融消费者承担次要责任

D. 金融机构承担次要责任,金融消费者承担主要责任

28. 金融消费者购买不适当的金融产品,要求卖方机构进行赔偿。在下列各情形中,金融产品销售机构不能免责的是(　　)。

A. 金融消费者故意提供虚假信息

B. 金融消费者拒绝听取卖方机构的建议

C. 金融消费者提供虚假信息系由卖方机构误导所致

D. 根据以往投资经验等事实,违反适当性义务未影响金融消费者自主决定

29. 在下列方式中,不属于构成非法集资行为中公开宣传的是(　　)。

A. 通过微信朋友圈发布集资信息

B. 通过推介会的形式公开集资信息

C. 通过网络广告的形式发布集资信息

D. 通过熟人介绍的方式公开集资信息

30. 负责查处非法集资广告的政府部门是(　　)。

笔记区

A. 国务院银行保险监督管理机构

B. 国家市场监督管理部门

C. 国家文化旅游管理部门

D. 网络和电信监管部门

31. 涉嫌非法吸收公众存款犯罪,但吸收资金主要用于正常的生产经营活动,在提起公诉前清退所吸收的资金,且情节显著轻微,危害不大的,则(　　)。

A. 可以减轻刑事处罚　　B. 可以免予刑事处罚

C. 不作为犯罪处理　　D. 可以不承担法律责任

32. 在我国,比特币等虚拟货币(　　)。

A. 属于数字人民币的一种

B. 不可以与人民币相互兑换

C. 可以与其他虚拟货币相互兑换

D. 可以用于购买商品或者服务

33. 下列对代币发行的认识,不正确的是(　　)。

A. 代币发行的本质是一种未经批准非法公开融资的行为

B. 金融机构经批准,可以从事代币发行融资活动

C. 代币融资交易平台不得从事法定货币与代币的兑换业务

D. 金融机构不得为代币发行融资提供金融服务

34. 某农民专业合作社宣传高息存款项目,吸收村民的储蓄用于经济作物生产活动。该农民专业合作社涉嫌(　　)。

A. 非法吸收公众存款罪　B. 集资诈骗罪

C. 非法经营罪　　D. 擅自设立金融机构罪

35. 根据《银行卡业务管理办法》等金融监管的规定，下列说法正确的是(　　)。 笔记区

A. 银行卡只限持卡人本人使用

B. 银行卡可以转卖

C. 银行卡可以出租

D. 银行卡可以转借

36. 发生网络盗刷交易后，建议持卡人应当(　　)。

A. 自行查明网络盗刷情况

B. 立即挂失银行卡并报警

C. 立即修改银行卡密码

D. 立即去商业银行网点要求查清情况

37. 非法获取他人游戏账号后秘密转卖其中游戏装备的行为，(　　)。

A. 不构成犯罪　　B. 构成诈骗罪　　C. 构成盗窃罪

D. 构成破坏计算机信息系统罪

38. 张某在幼教中心办卡，购买了30次幼儿早教课程，不久后发现该幼教中心关门“跑路”了。根据《单用途商业预付卡管理办法(试行)》的规定，对单用途预付卡进行管理的政府部门是(　　)。

A. 市场监管部门　　B. 商务部门

C. 银行业监管部门　　D. 民政部门

39. 根据《中国人民银行金融消费者权益保护实施办法》的规定，通过网络交易购买、使用金融产品或者服务的金融消费者，与银行、支付机构发生金融消费纠纷，对银行、支付机构

笔记区

作出的投诉处理不接受的，可以向相关监管机构投诉。该机构是（　　）。

A. 银行、支付机构住所地的中国人民银行分支机构

B. 购买金融产品合同签订地的中国人民银行分支机构

C. 接受该金融服务的经营行为发生地的中国人民银行分支机构

D. 实际损害发生地的中国人民银行分支机构

40. 甲公司通过宣传“林权转让、代为管护、林木回购”的方式，且保证收益，以此吸收不特定对象的资金。甲公司将所吸收的资金用于房地产开发项目，但最终投资失败。在该案中，甲公司构成（　　）。

A. 非法吸收公众存款罪　　B. 变相吸收公众存款罪

C. 集资诈骗罪　　D. 挪用资金罪

参考答案

1. D	2. A	3. C	4. B	5. D
6. C	7. A	8. A	9. C	10. B
11. B	12. D	13. A	14. A	15. B
16. C	17. D	18. D	19. D	20. D
21. C	22. B	23. C	24. A	25. A
26. C	27. D	28. C	29. D	30. B
31. C	32. B	33. B	34. A	35. A
36. B	37. C	38. B	39. A	40. C